Irmgard Wolf • Manfred Engelhardt
Von Karneval bis Erntedank

Irmgard Wolf
Manfred Engelhardt

Von Karneval bis Erntedank
Rheinische Bräuche, Rezepte, Sagen & Geschichten

mit Scherenschnitten von
Bärbel Grebert

Avlos

1. Auflage 2002

© by *Avlos* Verlag Thomas Frahm, Köln / Duisburg 2001
Buchgestaltung und Satz: *Avlos* Verlag
Umschlag: *Avlos* Verlag
unter Verwendung von Scherenschnitten von Bärbel Grebert

Gedruckt in Bulgarien

ISBN 3-929634-61-9

Inhalt

Kalenderblatt Oktober *151*

Vorwort der Autoren

Die unerwartet große Zustimmung, die unser „Rheinisches Winter- und Weihnachtsbuch" im Jahr 2001 erhielt, ermutigt den Avlos-Verlag und die Autoren, mit einem weiteren Buch zum rheinischen Brauchtum den Jahreskreis zu vollenden. Brauchtum ist ein Fundament rheinischen Lebens, rheinischer Mentalität, eire Grundlage der Existenz, gleichsam der Boden unter den Füßen und zugleich eine sichere, oft ausgelassen fröhliche, bunte oder nachdenkliche Begleitung durch die Zeit.

Je weiter die Welt sich öffnet, umso größer wird der Bedarf nach einem eigenen Standort, nach der Gewissheit der Wurzeln. Diese Wurzeln liegen im Rheinland tief in der Vorzeit und kommen doch allenthalben an die Oberfläche durch das Brauchtum. Germanisch-Keltisches, römische Hinterlassenschaft, die allumfassende Prägung durch das Christentum und seine Auswirkung in der Volksfrömmigkeit, handfeste Bauernregeln und das große Panorama der Feste im Ablauf des Jahres zeigen, wo und wie der Rheinländer zu Hause ist. Dazu kommen Geschichten, Sagen, die man sich rheinauf rheinab erzählt, vom Mäuseturm bei Bingen bis zur Schwanenburg in Kleve. Andere Erzählungen sind aus dem rheinischen Lebensgefühl erwachsen.

So haben wir noch einmal Städte und Dörfer am Rhein besucht, das Beiern der Glocken gehört und die überströmende Lebensfreude der Kirmessen erlebt, die Pracht der Schützenzüge und des Fähndelschwenkens gesehen, die Lieder der Wallfahrer und der Schnitter, die Spottverse von Dorf zu Dorf vernommen. Ein Weg durch die Jahreszeiten, beginnend mit dem bunten Treiben im Karneval und endend beim Erntedank, wenn die Musikanten zum letzten Mal aufspielen.

Wir haben Hilfe und Beistand gefunden im Amt für Rheinische Landeskunde, bei den Stadtarchiven Bonn und Düsseldorf, in der Stadtbibliothek Düsseldorf und durch zahlreiche persönliche Hinweise und Erinnerungen. Sicher kann dieses kleine Buch nicht den ganzen Umfang des rheinischen Brauchtums bieten. Wir bescheiden uns in der Hoffnung, einen Zugang geöffnet, Erinnerungen wachgerufen und Interesse geweckt zu haben.

Bonn, im Herbst 2002   Irmgard Wolf
Düsseldorf, im Herbst 2002   Manfred Engelhardt

Karneval, die fünfte Jahreszeit

Karneval, die fünfte Jahreszeit

Ein Begriff, wie er nur im Rheinland geboren werden konnte, linksrheinisch versteht sich, denn hier ist der Karneval bodenständig, was später historisch zu belegen sein wird. Hier hat die fröhliche Narretei ihren sicheren Platz im Jahresablauf. Irgendwo zwischen Winter und Frühlingsanfang. Und weil man den Zeitpunkt nicht für alle Jahre im voraus festlegen kann, denn er hängt vom beweglichen Osterfest und vom ersten Frühjahrsvollmond ab, hat man eben eine „fünfte Jahreszeit" erfunden. Sie liegt zwischen allen Zeiten und entrückt die echten Karnevalisten jeglichen Zeitbewusstseins. Für sie gilt in dieser fünften Jahreszeit nur der Kalender der Feste. Man hat aus der Saison kurzerhand eine Session = Sitzungszeit gemacht und findet sich damit ab, dass die fünfte Jahreszeit mal kurz, mal lang ist. Hauptsache sie bringt Spaß an der Freud.

Dass der „Spaß an der Freud" überwiegen linksrheinisch stattfindet, ist ein historisches Kuriosum und hat die Wissenschaft auf den Plan gerufen. Hat doch der Bundespräsident „Bruder Johannes" Rau, aus Wuppertal stammend, gesagt, man schaue von den rechtsrheinischen Höhen missbilligend auf das tolle Treiben in den linksrheinischen Städten.

Seit dreißig Jahren widmen sich Gelehrte der Geschichte und den Erscheinungsformen des Karnevals am Rhein. Und dafür ist Bonn der richtige Standort. Hier befindet sich das Institut für Geschichtliche Landeskunde, das Amt für Volkskunde des Landschaftsverbandes und das Stadtarchiv mit reichem Angebot. Aber auch die „Jecken" liefern selbst ihren Beitrag durch historische Sammlungen im Haus des Bonner Karnevals. Und überall im Rheinland sind Heimatforscher tätig und bereichern das Wissen über den Karneval. So wichtig ist den Rheinländern die „fünfte Jahreszeit". Einen grundlegenden Beitrag zur Erforschung des Karnevals hat der Historiker Michael Müller geleistet. Wir folgen im wesentlichen einen Spuren.

Wir wissen viel über den Karneval, weil er so oft verboten worden ist: von den Königen, von den Fürsten, den Stadträten – viel seltener von der Kirche. Bei den Verboten geht es nicht etwa um die Moral in den Tollen Tagen, sondern um politische Ängste. Unter dem anonymen Schutz der Masken konnte sich Ausschreitungen, Demonstrationen und Revolutionen verbergen, Konspirationen und Vorbereitung zum Umsturz. Wir werden sehen, dass diese Angst durch die Geschichte des Karnevals schleicht. Dieser Verdacht war nicht unberechtigt, denn der Druck der Obrigkeit auf die unteren Schichten, der Herren auf die Sklaven und Leibeigenen war seit Vorzeiten ungemein hart, so dass immer ein Ausbruch zu fürchten war.

Der Karneval ist seinem Ursprung nach ein solcher Ausbruch, ein Ventil gegen die Unterdrückung, das aber von den Mächtigen klüglich offen gehalten wurde, um die Eruption in Grenzen zu halten.

In vielen antiken Völkern rund um das Mittelmeer findet sich ein zeitweises Aufbegehren gegen den Zwang von oben, und zwar immer gegen das Ende des Winters. Um diese Zeit des Erwachens der Natur treffen Urelemente zusammen, steigen urmenschliche Ängste, Kräfte, Gewalten zu Tage. Gleichzeitig mit der Vertreibung der winterlichen Dunkelheit, dem Ende der Beschränkung auf enge Wohnstätten in der kalten Jahreszeit brach ein neues Lebensgefühl auf und steigerte sich zu überschwänglichen Formen in Tanz, ja Raserei, die über alles Hergebrachte hinweg sich austobte. Alle Regeln des menschlichen Zusammenlebens und Hausens wurden durchbrochen, das Unterste zu oberst gekehrt.

Orgiastische Feste sind um das Jahr 2400 aus Mesopotamien bekannt. Hier wird zum ersten Mal das bis heute entscheidende Merkmal der Umkehrung der Gewalten praktiziert, die Autorität durchbrochen. Der rechtmäßige König wurde für Tage abgesetzt und erhielt Backenstreiche wie ein Sklave. Das Regiment ging an eine Frau über, die das orgiastische Fest anführte. Auch das ist eine Umkehr der normalen Verhältnisse: die Frau war seit dem Ende des frühzeitlichen Matriarchates dem Manne untertan. Zweifellos wirkte bei dieser Unterordnung immer auch eine heimliche Angst vor ihren erdverbundenen magischen Kräften mit. Jetzt aber schwang sie das Zepter.

So also war es in Kleinasien. Als die Römer ihr Weltreich bis in das Zwischenstromland ausdehnten, lernten sie diese orgiastischen Frühlingsfeste kennen und übernahmen sie. Sie nannten diese Feste Saturnalien nach dem altrömischen Gott der Saaten und des Gedeihens, Saturn, der mit dem Ende des Winters die Herrschaft antrat. Auch in Rom wurde alles Herkömmliche auf den Kopf gestellt. Herrscherin der Saturnalien war wie in Mesopotamien wiederum eine Frau, die Göttin Isis. Sie regierte den Männerstaat der Römer während der Saturnalien mit äußerster Sittenfreiheit. Die Standesunterschiede, die sonst sehr streng eingehalten wurden, verwischten sich auch hier. Die Sklaven waren frei und konnten ihren Herren Befehle erteilten. Auch hier wieder wilde Feste mit tollem Treiben bei Tag und Nacht, Ausgelassenheit. „Raserei", nannte Goethe 1700 Jahre später den römischen Karneval und schrieb, man solle „Gott und der Kirche für den Aschermittwoch danken".

Wo die Römer Fuß fassten

Doch wir greifen der Zeit voraus. Schließlich waren es ja die „alten Römer", die den Karneval oder vielmehr Ihre Saturnalien an den Rhein brachten. Sie brachten aber auch das Christentum, und überall, wo sie den Fuß hinsetzten, blieb ihr beiderseitiges Erbe, in Spanien und Gallien wie am Rhein.

Die Tollen Tage kamen also im Marschgepäck der Legionen und wurde praktiziert, wo sich römisches Leben am Rhein festigte. Und das war eigentlich nur auf dem linken Rheinufer, denn das rechte Ufer haben die Römer ja nur da und dort erreichen und nie halten können.

14

Also blieben auch die Saturnalien linksrheinisch und wurden zum Vorläufer des späteren Karnevals, der bekanntlich noch heute den Anspruch auf eine gewisse linksrheinisch vorherrschende Tradition erhebt. Zunächst feierte Köln als Colonia Agrippina, eine echte römische Stadt am Rhein, in der das Leben hoch aufbrauste. Hier ging es so toll zu, dass ein römischer Schriftsteller namens Salvian den ausgelassenen Menschen ihren Untergang an die Mauern ihrer Stadt schrieb.

Das erste Narrenschiff und der Elfte im Elften

Die Römer verließen um das Jahr 400 den Rhein, weil sie ihre Kernlande schützen mussten, die von allen Seiten durch die Völkerwanderung bedroht waren. Der Karneval aber blieb und muss wohl in irgendwelchen Refugien die Völkerwanderung überstanden haben. Obwohl das Christentum Schritt für Schritt das Rheinland eroberte, blieben noch heidnisch-germanische Relikte. Die alten Merkmale rauschhafter Frühlingsfeste tauchen wieder auf. Wieder tritt eine Frau an die Spitze. Der Kult der orientalisch-römischen Göttin Isis, die auch am Rhein die Saturnalien der Römer regiert hatte, vermischte sich nun mit dem Kult der keltisch-germanischen Göttin Nerthus. Nerthus war die Göttin der Fruchtbarkeit, des Frühlings und der Schifffahrt. Ihre Verehrung hat sich trotz der Christianisierung erhalten, wie immer die um Jahreszeit und Fruchtbarkeit verehrten Götter und Bräuche zu tiefst im Bewusstsein haften blieben.

Der Kult der Göttin Nerthus ist bis über die erste Jahrtausendwende hin bezeugt. Er wurde mit ausgelassenen Bräuchen zu Beginn des Frühlings begangen. Wir sehen: das gleiche Datum und die gleiche Vorherrschaft der Frau, der göttliche Ehren erwiesen wurden.

Noch aus dem Jahr 1133, als am Rhein schon die ersten Dome erstanden, wird von Orgien zu ihren Ehren berichtet, von Fruchtbarkeitsriten, die ausufernde Formen annahmen. In der Eifel, im Wald bei Cornelimünster, wurden der Göttin Nerthus zu Ehren Schiffwagen gebaut. Wir erinnern uns, dass sie die Göttin der Schifffahrt war. Diese Schiffwagen wurden über Aachen an die Schelde nach Flandern gefahren. Eine Frau verkörperte die römische Isis und die keltisch-germanische Nerthus und übte vom Schiffsburg her ihre Herrschaft aus. Halbnackte Weiber tanzten bacchanalische Reigen um den Wagen. Menschen stürzten sich im Rausch der Frühlingsfeiern dem Schiffswagen entgegen und ließen sich überrollen.

Das Schiff auf Rädern bleibt das symbolische Gefährt des Karnevals, der Narren und der Narrenherrschaft bis heute. Im 16. Jahrhundert lädt der Stadtschreiber von Straßburg, Sebastian Brant, gleichnishaft alle Narren auf ein Schiff und hält ihnen ihre Laster und Torheiten vor.

Carne - vale

Halten wir fest: die Römer hatten die bacchanalischen Feste des frühen Frühjahrs an den Rhein gebracht, und damit die Verschmelzung mit gleichgerichtetem germanisch-keltischem Brauchtum eingeleitet. Mit den Legionen aber war auch das Christenum gekommen, das andere, geistliche Gesetze mitbrachte, aber auch seinerseits germanisches Herkommen nicht außer Acht ließ. Kam es zu einem Zusammenstoß? Nein, man fand auch damals schon eine „rheinische Lösung". Das tolle Treiben wurde durch den Aschermittwoch begrenzt. Im Jahr 325 war das Osterfest, das älteste Fest der christlichen Kirche, auf dem Konzil von Nicaea festgelegt worden auf den Sonntag nach dem ersten Frühlingsvollmond. auch hier ein Beweis für die Christianisierung heidnischer Naturvorstellungen.

Dem Osterfest geht die vierzigtägige Fastenzeit voraus. Die Vierzig ist eine der magischen Zahlen. Vierzig Tage strömte der Regen der Sintflut, vierzig Jahre warteten die Israeliten auf den Einzug in das Gelobte Land, vierzig Tage fastete Moses, ehe er die Gesetze empfing, vierzig Tage fastete Christus in der Wüste vor seinem öffentlichen Auftreten.

16

Vierzig Tage vor Ostern also setzte die Kirche dem tollen Treiben seine Grenze mit dem Aschermittwoch, streute geweihte Asche auf die Häupter der Gläubigen zum Zeichen der Buße und Umkehr.

Ursprünglich hatte man von Dreikönigen an gefeiert. Auch die Geistlichkeit soll sich dabei nicht zurück gehalten haben. Dann mischte sich die Amtskirche ein. Sie beschränkte das Feiern auf die drei tollen Tage. Mit dem Aschermittwoch setzt die Fastenzeit ein. „Carne vale" – Fleisch, lebe wohl. Oder auch Fastnacht, die Nacht vor dem Fasten, oder „op jood Kölsch: Fastel-ovend", der Abend vor Aschermittwoch.

Heute haben sich die Narren weiteren Raum geschaffen. Seit dem Jahr 1900 gilt der elfte Tag im elften Monat des Jahres, im November, als der offizielle Auftakt des Karnevals, der sich dann freilich in der Weihnachtszeit noch im Hintergrund halten muss.

Auch die Elf galt im Mittelalter als magische Zahl. Mit der Elf wird die Zahl der Zehn Gebote symbolisch überschritten. Die Elf steht außerhalb des Dezimalsystems. Man kann sie auch nicht an den Fingern abzählen. Der Mensch befindet sich sozusagen in einem zahl- und rechtsfreien Raum mit den eigenen Gesetzen der Narrheit. Er wählt als Obrigkeit elf Personen. Der Elferrat konstituiert sich und regiert bis Aschermittwoch. Das erste Gesetz heißt: „Jeck loss Jeck elans – Narr gib jedem Narren den Weg frei." Wir sehen wieder das uralte Prinzip: Jeder Unterschied ist aufgehoben. Gleiches Recht und freie Bahn für alle.

Tolle Tage - fette Tage

Doch zurück ins Mittelalter. Der erste Karnevalszug ging im Jahr 1314 in Köln. Wir wissen kaum mehr als das Datum. Umso eingehender hat zwei Jahrhunderte später der Kölner Ratsherr Weinsberg über den dortigen Karneval geschrieben in sein Hausbuch; bis heute eine der ergiebigsten Quellen des Rheinlandes. Er berichtet, dass die Kölner Familien sich gegenseitig einluden. Auch Fremde wurden aufgenommen. Es gab in den Karnevalstagen keinen Standesunterschied, der sonst im Mittelalter sehr ausgeprägt war. Auch hier taucht das uralte Prinzip der tollen Tage auf. Jeder ist willkommen, jeder ist Gast, jeder ist eingeladen, mitzuhalten bei Tisch. In den Kölner Bürgerhäusern waren die Tollen Tage eigentlich mehr „fette Tage". Das gediegene, ja schwere Essen vor der Fastenzeit war hier fast wichtiger als die Maskierung.

Am ganzen Rhein Schmaus und Tanz auf den städtischen Tanzhäusern. Das berühmteste ist seit je und bis heute der Gürzenich in Köln. Aber auch in allen großen Patrizierhäusern wurde gefeiert. Selbst in der armen Eifel gab es Karnevalsfreude. Kinder und junge Leute sammelten Mehl und Eier, und die jüngst verheiratete Frau kochte einen festen Mehlbrei, rollte ihn in Kugeln und teilte ihn aus. Wieder einmal hat die Frau im Karneval ihre Rolle.

In den Frauenklöstern durfte auch in bescheidenem Maß Karneval gefeiert werden. Das älteste Kölner Karnevalslied ist von einer Nonne mit Namen Anna um das Jahr 1500 aufgeschrieben worden. 1729 berichtet eine junge Kölner Nonne, man habe Tee, Kaffee und Schokolade trinken dürfen, mit den Karten und auf dem Dambrett gespielt bis zwei Uhr nachts. Ein Tagebuch aus einem Frauenkloster berichtet, die Klosterzucht sei gelockert gewesen. Man aß gut und durfte sich am Abend mit Würfelspielen „verlustieren". Allenthalben aber wurden Zimtwaffeln gebacken mit den scherenförmig gekreuzten Handeisen über der offenen Flamme. Dieses Rezept stammt aus flämischen Klöstern. Dorther kommt auch das im ganzen Rheinland bekannte Gebäck „Muzen" und „Muzemandeln". Die Muzemandeln werden mit Rum und Rosenwasser gebacken und haben den volkstümlichen Namen „Nonnenfürzchen". Achtung: Muzemandeln liegen wie manches Karnevalsgebäck schwer im Magen, und man kann „ein Tässchen Schnäpschen" danach vertragen.

Wie man also hört, hat sich der rheinische Karneval zu freundlichen und gastlichen Formen entwickelt. Er unterscheidet sich grundsätzlich von der Fastnacht im alemannischen

Raum, in Schwaben und in der Schweiz. Hier hat sich eher die Austreibung der Winterdämonen erhalten. Kunstvoll geschnitzte traditionelle Masken werden zur Abschreckung getragen. Unter der Maske gibt es auch hier Freiheiten gegen die Obrigkeit, Verspottung und unangenehme Wahrheiten, die auf diese Weise anonym angebracht werden können.

Fürstliche Maskerade

Im Rheinland haben Reformation, Gegenreformation und der Dreißigjährige Krieg den Karneval eingeschüchtert. Im 18. Jahrhundert tritt er von neuem in Erscheinung und mit neuen Vorzeichen. Der Kurfürst Clemens August (1723-1762) feiert in seiner Residenz Bonn höfischen Karneval mit venezianischen Masken und das nicht nur in den Tollen Tagen. Italienischer Einfluss gibt den höfischen Festen einen besonderen Charme. Der Kurfürst selbst trat im Kostüm auf mit der Halbmaske. Dieser elegante Fürst wird auch als Vorbild für den späteren „Prinz Karneval" im Rheinland vermutet.

Volkstümlicher Karneval hatte inzwischen seine eigenen Formen entwickelt mit kleinen Umzügen und Maskierung. Der Schellennarr, der „Bellegeck" ging um, eine typische Figur in Bonn und Köln. Er durfte auf offener Straße die Leute verhöhnen und bloßstellen. In der napoleonischen Zeit war das öffentliche Karnevalstreiben verboten. Wieder fürchteten Obrigkeiten unter der Maske Konspiration. Ein französischer Kommandant ließ sich allerdings die Genehmigung abringen: „Il est permis au citoyen Bellegeck de faire son tour".

Die Franzosen gingen - die Preußen kamen

Im Jahr 1815 wurde bekanntlich auf dem Wiener Kongress das Rheinland Preußen zugeschlagen. Auch die Preußen waren gegen den Karneval, der ihnen völlig unbekannt und hochverdächtig war. König Friedrich Wilhelm III. hatte schon mit einigen Bedenken gegen die Rheinländer, die er leichter Sitten und beträchtlichen Wankelmutes verdächtigte, die Universität Bonn gegründet im Jahr 1818. Hinsichtlich des Karnevals fürchtete der König um die Moral der Studenten seiner neuen Alma mater, und auch er beargwöhnte das Maskentreiben als Versteck für eventuelle Konspiration. Die alte Angst vor der Maske steht wieder auf. Daher gab es ein grundsätzliches Verbot aller Narretei im Rheinland. Nur in Orten, wo die Fastnacht wegen allzu alter Tradition nicht auszurotten sei, solle sie unter strenger Kontrolle genehmigt werden.

1824, wenige Jahre nach der Gründung der Universität, wollten die Bonner einen Karnevalszug halten. Die Laetitia, die Göttin der Freude, sollte auf einem Schiffwagen durch die Stadt fahren. Wir erkennen die Tradition aus Vorzeiten: Eine Frau regiert die Tollen Tage wie eh und je, wie in Mesopotamien, in Rom, am Rhein und in der Eifel, als das erste Karnevalsschiff, von Bacchantinnen umtost, von Conelimünster ausging. Die Bonner hatten sich das viel sittsamer und so richtig schön historisch ausgedacht und schrieben eine untertänige Anfrage an Friedrich Wilhelm III. Aber die untertänige Frage bekam eine harsch abweisende Antwort. In Düsseldorf durfte dagegen 1823 ein Zug gehen. Auch in Köln hatte man ein Jahr zuvor mehr Glück gehabt. Hier war ein Baron von Cettritz preußischer Stadtkommandant. Ihm gelang es, einige bescheidene Lustbarkeiten beim König durchzusetzen mit der Begründung, unter Aufsicht sei der Karneval ungefährlicher. Dieser selbe Baron von Cettritz lieh übrigens sein schönes Schimmelgespann aus für den Karnevalszug und bekam ein fürchterliches königliches Donnerwetter auf sein Haupt. Cettritz gilt auch als der Erfinder der Narrenkappe. Sie war freilich nicht so elegant wie die heutige Kopfbedeckung der rheinischen „Jecken" sondern aus roter Wolle gestrickt und hatte einen langen Bommel wie eine Schlafmütze.

Unter dem Nachfolger Friedrich Wilhelm IV. wurde das Karnevalsverbot gelockert. Aber nun kam eine neue Masche auf. Der Karneval wurde besteuert. Wer sich maskiert auf der

Straße zeigen wollte, musste ein Almosen für die Armenkasse spenden. Dieses Gebot wurde überall im Rheinland eingeführt und auch eingehalten. Die Armenkassen haben sehr davon profitiert, und das Karnevalsalmosen wurde im städtischen Etat eingerechnet. In Bonn gab es noch eine besondere zusätzliche Karnevalssteuer: die Stadtsoldaten – von ihnen wird gleich die Rede sein – arretierten Bürger, die über den Markt flanierten und brachten sie in ihr Wachtlokal, das in dem Raum unter der doppelläufigen Freitreppe des Rathauses eingerichtet war. Dort musste sich der „Gefangene" mit einer Spende freikaufen und bekam eine papierene Plakette: „Dagewesen". Frauen bekamen einen Kuss dazu.

Rheinische Revanche für preußischen Drill

Die Rheinländer taten sich anfangs schwer mit den Preußen und deren Militär. Die ersten Ulanen haben sich in Bonn auch herzlich unbeliebt gemacht. Es kam zu manchen Konflikten, aber schließlich auch zu einer rheinischen Lösung: das preußische Militär wurde in den Karneval sozusagen integriert. Man stellte seit der Mitte des 19. Jahrhunderts Truppen auf, die sogenannten Garden, und imitierte das preußische Militär durch Uniformen aus der Zeit Friedrichs des Großen. Bis heute werden Dreispitz, weiße gelockte Haarrollen und Zopf mit schwarzem Band getragen. Auch den preußisch zackigen Gruß verspotten die Rheinländer noch immer und legen ihrerseits die rechte Hand an die linke Stirnseite.

Neben den Garden gibt es die Kontingente der „Funken". Mit Funken und Stadtsoldaten wurden ursprünglich die früheren stadteigenen „Streitkräfte" und Ordnungshüter parodiert, die wohl an den Stadttoren Wache hielten, aber beim Anblick der ersten französischen Truppen zu Ende des 18. Jahrhunderts ihre Waffen niederlegten und sich auflösten.

Seit der Mitte des 19. Jahrhunderts entwickelte sich die heutige Form des öffentlichen Karnevals mit dem Biwak der Stadt-

21

soldaten und Garden auf den Marktplätzen und mit der Erstürmung der Rathäuser. Und nun können wir wieder ganz tief zurückgehen in die Geschichte der Narretei: auch heute noch findet wie vor 2400 Jahren in Mesopotamien und wie im alten Rom der Wechsel der Macht und der Herrschaft, die Umkehrung aller bestehenden Ordnung statt. Die Stadtoberen werden, obgleich die städtischen „Federfuchser" sie hartnäckig verteidigen, überwältigt und müssen die Stadtschlüssel und damit die Herrschaft für die Tollen Tage dem Prinzen Karneval übergeben. Nur die Backenstreiche von einst gibt es nicht mehr.

Parade der Tollitäten

Der Prinz, den wir eben die Insignien städtischer Macht übernehmen sahen, ist eine ziemlich neue Figur in der langen Geschichte des Karnevals. War noch 1823 eine Laetitia, eine Göttin der Freude, als Herrscherin im Bonner Karneval vorgesehen, so wird die weibliche Vorherrschaft beendet mit der „jecken" Militarisierung der Fastnacht nach friederizianischem Vorbild. In Köln feiert man im ersten Rosenmontagzug einen eleganten jungen Mann als „Held Karneval", schon ausgestattet mit Krone und Pfauenfedern, goldener Kette, weißer Kleidung, kokett zwischen Narr und Fürst und effektvoll mit einem roten Mantel bekleidet.

Wenig später wird aus dem „Helden" der „Prinz" Karneval, in Bonn zuerst ein Herr gediegenen Alters und Aussehens im schwarzen Gehrock mit einem Fastnachtsemblem. Erst 1901 stellt sich hier der Prinz Karneval in einem weißen Kostüm vor, das der spanischen Hoftracht bis heute nachempfunden ist. Die Bonna, die dem Prinzen wenige Jahre später zur Seite stand, war auch ein Mann und das vermutlich wegen der notwendigen Trinkfestigkeit.

In Köln regiert traditionell das Dreigestirn: der Prinz, der Bauer, die Jungfrau. Die Jungfrau (auch sie ein Mann) trägt eine Krone aus Mauerzinnen, denn sie verkörpert die ehemals befestigte (uneinnehmbare) Stadt Köln. Der Bauer erinnert daran, dass früher innerhalb der Stadtmauern in beträchtlichem Umfang Landwirtschaft betrieben wurde, um im Fall einer Belagerung die Bürger zu versorgen. Das Kölner Dreigestirn trägt das Wappen der Stadt auf der Brust: drei Kronen zur Erinnerung an die Heiligen Drei Könige, deren Häupter im Dom aufbewahrt werden, elf Flammen für die elftausend Jungfrauen, die hier den Märtyrertod erlitten haben sollen. Das Bonner Prinzenpaar zeigt das frühere Stadtwappen mit dem kurkölnischen Kreuz und dem roten Löwen auf blauem Grund. In Düsseldorf tritt neben dem Prinzen eine Venetia auf, die zu Gunsten modischer Eleganz auf das Kostüm höfischer Herkunft verzichtet. Zu der Ausstattung des Prinzenpaares gehört auch das Narrenzepter, meist „Hänneschen" genannt. Nach feststehendem Brauch der Tollen Tage muss das „Hänneschen" mindestens einmal entwendet werden, und der Prinz dürfte einiges springen lassen, um das Zeichen seiner Macht wieder zu erhalten.

Als traditionelle Begleitfigur tritt seit der Mitte des 19. Jahrhunderts die Marketenderin auf in abgewandelter Soldatentracht. Sie erinnert an die Frauen, die als Händlerinnen früheren den Heeren folgten und die Soldaten mit allen möglichen Waren versorgten. Dabei trug die Marketenderin im Karneval auch ein kleines Schnapsfläschen auf der Hüfte wie ihre Vorgängerinnen früherer Jahrhunderte. Der Schnaps war eigentlich nicht für den Durst der Soldaten bestimmt, sondern wurde vor allem eingesetzt zur Betäubung, wenn der Feldscher operieren z. B. einem Verwundeten ein Bein abnehmen musste. Die Rolle der Marketenderin wurde im Karneval lange von einem Mann wahrgenommen, vermutlich auch wieder wegen der Trinkfestigkeit. Er wurde übrigens in verbaler Verschmelzung „der Spetzebötz" (Spitzenhose) genannt.

1935 verboten die Nationalsozialisten die Darstellung der Marketenderin durch einen Mann, weil das angeblich der Würde des deutschen Mannes widersprach. Tatsächlich stand hinter diesem Verbot aber wieder einmal Angst: Befürchtung wegen Homosexualität und Travestitentum. Andererseits wollte man sich aber nicht die Gelegenheit zur Anbiederung an breite Kreise der Bevölkerung entgehen lassen, und so wurde versucht, eine Verbindung der NS-Organisation „Kraft durch Freude" mit Karnevalsvereinen herzustellen, was aber kaum gelang.

Die Garden und die Funken wollten indes nicht auf die malerische Figur der Marketenderin verzichten. Und so wurde das Tanzmariechen erfunden, eine kokett-graziöse Figur, die wir also indirekt dem Nationalsozialismus verdanken. Die Röckchen sind seit den dreißiger Jahren immer kürzer, die Spitzenhöschen immer sichtbarer geworden, bei immer kühneren Tanzfiguren. Zum Tanzmariechen nämlich kam der Tanzoffizier und damit tänzerische Akrobatik. Beide spielen eine unverzichtbare Rolle im rheinischen Karneval. Sie haben Leutnantsrang.

Weiberfastnacht

Mit der spottenden Übernahme preußischer Militärhierarchie in den rheinischen Karneval scheint die führende Rolle der Frau zu Ende zu sein. Aber sie tritt von völlig unerwarteter Seite wieder aus der Kulisse. Frauen bilden eigene Karnevalskomitees und feiern ihre eigene Fastnacht. Die sogenannte Weiberfastnacht hat ihren Ursprung in Beuel, heute der rechtsrheinische Teil von Bonn. Beuel war früher ein Wäscherdorf. Hierhin schickten große Haushalte von nah und fern ihre Wäsche zum Waschen und Bleichen. Beuel, das sich gern die Sonnenseite der Bundesstadt nennt, hatte große Wiesen unmittelbar am Rheinufer. Hier wurde die nasse Wäsche ausgebreitet zum Bleichen und Trocknen. Die Arbeit ging von Montag bis Donnerstag. Dann hatten die Frauen ihr Werk getan. Die Wäsche wurde auf große flache Kähne geladen und von den Männern rheinabwärts transportiert bis Köln. Die Frauen machten sich in ihrer Abwesenheit einen guten Tag.

Der Donnerstag vor Karneval wurde besonders gefeiert als Weiberfastnacht. Jetzt findet wieder die Umkehrung der Autorität statt: Die Frauen übernehmen die Herrschaft. Sie feiern unter sich, regiert von einer „Obermöhn", einer Frau gestandenen Alters und mit deftigem Witz ausgestattet. Kein Mann darf sich in den Lokalen vor abends acht Uhr blicken lassen. Zum Zeichen ihrer Herrschaft beginnen die Frauen schon morgens auf der Straße, in den Geschäften, in den Büros bis in die Chefetagen, den Männern die Krawatten, das äußere Zeichen ihrer Männlichkeit, zur Hälfte abzuschneiden.

In Beuel sind es auch die Frauen, die das Rathaus erstürmen und dem Bürgermeister den Stadtschlüssel abnehmen, wobei es zu handfesten Dialogen rheinischen Humors kommt, bis die Obermöhn vom Balkon aus triumphierend den Sieg der Frauen verkündet.

Sie beherrschen das ganze Stadtbild, spannen Leinen über die Straßen und hängen möglichst altmodische Wäsche daran auf. Seit den zwanziger Jahren wird eine Wäscherprinzessin gewählt, die mit und neben der Obermöhn regiert, angetan mit einer hübschen blauweißen Tracht, die an die früheren Wäscherinnen erinnert. In den Rheinorten Limperich, Küdinghoven und Ramersdorf herrscht eine Prinzessin LiKüRa, und wie hier hat der Karneval auch anderwärts rechtsrheinisch Fuß gefasst und reicht sogar ins Westfälische hinein.

Kleiner Epilog

Blättern wir noch einmal zurück: wenn der Bundespräsident „Bruder" Johannes Rau sagte, man schaue missbilligend von den rechtsrheinischen Höhen auf das Tolle Treiben in den linksrheinischen Städten, so spielte er, selbst aus Wuppertal gebürtig, auf die unterschiedliche Stellung der Konfessionen zum Karneval an. In strenggläubigen evangelischen Gebieten, insbesondere im Bergischen Land, wird der Karneval als ausschließlich katholisch angesehen.

Tatsächlich aber hat die katholische Kirche, wie die Geschichte zeigt, nichts zur Entstehung des Tollen Treibens beigetragen. Die Römer haben den Karneval in Gestalt ihrer Saturnalien über die Alpen und in die Länder getragen, in denen sie für Jahrhunderte Fuß fassten, nach Spanien, nach Gallien und an den Rhein. Aber eben nur bis auf das linke Rheinufer. Das rechte Ufer haben sie nie lang andauernd besetzt. Und so konnte dort auch der Karneval historisch nicht Wurzeln schlagen. Aber die Römer haben bekanntlich auch das Christentum mitgebracht, und so kommt es zu einer gewissen Deckungsgleichheit. Wo die Römer für Jahrhunderte herrschten, sind römischer Brauch und kirchliches Leben gleichermaßen existent.

Wenn wir der Kirche eine Rolle zuschreiben wollen in der Geschichte des Karnevals, dann kann sie nur in der Beschränkung des Tollen Treibens auf drei Tage liegen und in der Einführung des Aschermittwoch. Die eindringliche Forderung „Carnevale", d. h. „Fleisch lebe wohl", hat der ganzen Session ihren Namen gegeben. Und irgendwo spukt auch in vielen übermütigen Liedern der Fastnacht die Ahnung von der Endlichkeit des Lebens, die das Aschenkreuz auf den Stirnen der Gläubigen symbolisiert. Nicht von ungefähr enden viele Karnevalslieder vor der Himmelstür und bei Petrus.

Zum Schluss noch ein „Hirtenwort" zum Karneval diesseits und jenseits des Rheines, d. h. in ehemals römischen und früh auch christlichen Landen auf dem linken Ufer und jenen Gebieten, die sich der Römerherrschaft widersetzten. Gefragt, welches der Unterschied zwischen Köln und Münster sei, antwortete der Kardinal Joseph Höffner, der bekanntlich ein sehr gelehrter Mann war: „In Münster haben sie die Wiedertäufer aufgehangen, in Köln hätten sie sie im Rosenmontagszug mitgehen lassen". (Zitiert nach Konrad Beikircher)

Im übrigen sei noch vermerkt, dass linksrheinische evangelische Christen sich neuerdings dem Karneval nähern und sogar eine Chance der Botschaft darin sehen. War doch im Nachrichtenblatt eines Kirchenkreises zu lesen, dass am Karnevalssonntag 2002 eine Predigt „op Kölsch" in einer evangelischen Kirche stattfinde, mit der direkten Anrede „Leeve Jot, hüür ens, wat ich dir ze sage han". Im gleichen Jahr fand sich in der Aschermittwochsausstellung rheinischer Künstler ein Bild mit dem Titel „Über sieben Brücken musst du gehen". Der Karneval scheint eine dieser Brücken zu sein.

Die erleuchtete Monduniversität

Den Menschen am Niederrhein wird nachgesagt, sie seien schwerblütiger als das Völkchen am Mittelrhein, das seinen Karneval lauthals auf der Straße feiert. Aber dafür sind die Niederrheiner umso gründlicher und haben aus der Narrheit eine Wissenschaft gemacht. Standort ist die Stadt Dülken (heute mit Viersen und Süchteln vereint), aber uneinnehmbar durch seine einmalige Narrenakademie. Sie heißt auch „Erleuchtete Monduniversität und Berittene Akademie der Künste und Wissenschaften". Wobei die Reittiere Steckenpferde sind.

Die Dülkener Akademie hat ihren Vorgänger vermutlich in dem schon 1418 zitierten adligen Klever Narrenorden. Sie soll 1554 gegründet sein. Ihr Standort war die Narrenmühle, die jenseits der Stadtmauern lag, wo die närrischen Akademiker feiern konnten so lange sie wollten, während innerhalb der mittelalterlichen Städte der Nachtwächter frühzeitig gebot, „das Feuer und das Licht zu bewahren". Außerhalb der Stadtmauern aber konnten die Mitglieder der Akademie ihren Schabernack treiben. Da ritten sie auf ihren Steckenpferden rund um die Mühle und verspotteten mit dem hölzernen Reittier den Adel, der sich gern zu Pferde zeigte. Und sie dehnten ihren Spott auch aus auf die Gelehrten im Kreuzherrenkloster und in der Lateinschule, stülpten sich im 17. Jahrhundert die würdige Allongeperücke über und trugen ihre Narrheit als höhere Weisheit zur Schau.

Im 18. Jahrhundert wendet sich die Narrenakademie gegen die Aufklärung und ahmt spöttisch deren Tendenz zu geheimnisumwitterten Orden nach mit der Pflege symbolischer Riten. So reiten die Dülkener Narren jeglichen Ranges auf ihren hölzernen Steckenpferden am Elfen im Elften rund um die Narrenmühle. Und hier zeigt sich die Weisheit auf dem Grund der Narrheit verborgen. Der Ritt auf dem Steckenpferd bedeutet die

Überwindung des eigenen Geltungsbedürfnisses, der bürgerlichen Zurschaustellung, des Dünkels; er bedeutet das Aufgeben alles dessen, was Rang und Zeichen ist, und das Aufgehen in der allgemeinen Narrheit, die Freude für alle bringt.

Die Dülkener Narrenakademie hat erlauchte Ehrenmitglieder. Goethe akzeptierte die Ernennung und hielt die Urkunde aus Dülken wert. Berühmte Zeitgenossen im Narrenorden waren der Professor August Wilhelm von Schlegel und Joseph Görres. In den letzten Jahrzehnten des vorigen Jahrhunderts wurden der humorbegabte Professor der Kunstgeschichte an der Bonner Universität Heinrich Lützeler, der Schauspieler Curd Jürgens und der Raketenforscher Wernher von Braun ernannt. Ritter des Goldenen Steckenpferdes wurden der Alt-Bundespräsident Walter Scheel und der Kölner Regierungspräsident Franz Josef Antwerpes. So hoch und so weit greift rheinische Narretei.

Ein Fastnachtslied wird geboren

Hinter den meisten Fastnachtsliedern steht eine Geschichte aus dem Alltag. Da ist der Qualm in der Küche der „ärm Frau Palm", da muss „dat Trina ens rötsche" weil ihr Mann keinen Platz im kargen Ehebett hat, und da jammert die Frau Zillekoven jedem vor: „hat Ihr net minge Mann jesinn, der Zillekovens Chriss" und vermutet ihn schon vor der Himmelstür bei Petrus. Wie überhaupt der Rheinländer mitten aus der Narretei der Tollen Tage plötzlich den Weg zu den letzten Dingen findet.

So wurde auch einmal in Bonn ein Karnevalslied aus dem Tod geboren. Da war eine reiche Witwe, die schon drei Männer überlebt hatte und von Todesfall zu Todesfall wohlhabender geworden war. Schließlich hatte sie noch zum vierten Mal geheiratet, einen blutjungen mittellosen Menschen, der kaum wusste, was ihm geschehen war. Aber ehe er sich seiner Lage bewusst war, war sie am Tag nach der Hochzeit ihren drei vorherigen Ehemännern gefolgt und hatte ihm ihr ganzes Vermögen hinterlassen. Und das mitten im Karneval.

Während der junge Witwer noch betäubt und fassungslos von dem plötzlichen Geschehen war, hatte sein Vater die Situation schnell genug erfasst und zog von Wirtschaft zu Wirtschaft, um die Geschichte immer wieder zu erzählen, immer breiter und genüßlicher, ausgeschmückt mit vielen Einzelheiten. Und immer schloss er seinen Bericht mit den Worten: „Wat hat der Jong een Jlöck."

Die Bonner aber, die die wunderliche Heirat ohnedies mit geheimem Spaß mit angesehen hatten, machten schnell ein paar gereimte Strophen aus der Geschichte und sangen für den Rest der Tollen Tage das Lied, das ihnen zugefallen war: „Wat hat der Jong een Jlöck".

Baron Rothschild im Bonner Karneval

In Bonn haben viele noble und auch reiche junge Leute studiert, Prinzen regierender Häuser, Poeten und selbst angehende Staatsmänner. Aber keiner war so reich wie jener Baron Rothschild, der vor 120 Jahren von London hierher kam, sicher weniger der Wissenschaften wegen, als um Land und Leute kennen zu lernen und deutsche Kuriositäten zu studieren. Dazu gab es viel Gelegenheit im Karneval, und der Baron tat sich denn auch reichlich um und mischte sich unter die Narren, die auf Straßen und Plätzen ihrer Tollheit freien Lauf ließen.

Auf seinen Wegen durch die Stadt hatte Baron Rothschild in Erfahrung gebracht, dass wer immer sich ohne närrischen Aufputz, eine Pappnase oder eine fidele Kopfbedeckung auf der Straße zeigte, arretiert wurde, von den Stadtsoldaten zur Wache geschleppt und nur gegen einen Obolus für die Armen freigelassen wurde.

Das wollte der Brite sich keineswegs entgehen lassen, und so spazierte er während der drei Tollen Tage durch die Stadt, über den Markt und angesichts des Arrestlokals im Rathaus immer vor der Nase der Stadtsoldaten umher.

Aber es fand sich keiner, der ihm die Hand auf den Arm legte, ihn arretierte und gefänglich zum Wachtlokal führte. Auf diese Weise kam der Baron Rothschild nicht nur um das Vergnügen eines öffentlichen Auftritts im Bonner Karneval. Er kam auch um die Gelegenheit, einiges Geld loszuwerden, klagte er seinem biederen Bonner Hauswirt. Er habe immerhin dreißigtausend Mark in der Brieftasche gehabt und sich den Spaß machen wollen, die Scheine nach und nach hervor zu ziehen.

Der Hauswirt aber war einer der Grielächer, wie sie im Rheinland oft anzutreffen sind. Er beguckte sich nachdenklich seinen britischen Gast von den gelben engen Nankinghosen bis zur karrierten Weste, dem schwarzen Frack mit den langen Schwalbenschwänzen und dem Zylinder und sagte tröstend: „Leeven Häär Baron, ich glaub, ich weiß, warum sie nicht arretiert worden sind. Die Stadtsoldaten haben sich gedacht, da hat sich einer als 'ne reisende Engländer verkleidet. Die gelbe Nankingbotz is Verkleidung genug.“

Von Muzen und Muzemandeln

Im Rheinland sind die Tollen Tage auch die Fetten Tage, wie schon historisch bekannt. Die Fastenzeit steht bevor, und also muss man sich und seinen Gästen noch etwas Gutes gönnen. Denn zu Karneval wird in einem rheinischen Haushalt immer mit Besuchern gerechnet, Nachbarn, die auf ein Tässchen Kaffee hereinkommen, Freunde, die mit Hallo überraschend vor der Tür stehen.

Also wird gebacken, und das mit deftigen Zutaten. Vor allem Fettgebackenes. Da sind die Muze, die früher meist am „Fetten Donnerstag“, also auf Weiberfastnacht auf den Tisch kamen. Hier das Rezept:

Man nehme 500 gr. Mehl, einen Teelöffel Backpulver, 125 gr. Butter, 125 gr. Zucker, zwei Eier, ein Gläschen Rum, ein Achtelliter Milch. Die Butter lässt man sanft zer-

30

gehen, rührt Zucker, Rum und Eier damit schaumig, dann Mehl und Backpulver hinein bis unter ständigem Rühren ein Teig entsteht, der Blasen wirft. Dieser Teig wird dünn ausgerollt, in schräge Vierecke geschnitten oder ausgerädelt; sie können etwa Handteller Größe haben. Diese schrägen Vierecke werden in heissem Öl ausgebacken, kommen goldgelb zu Tage und werden noch heiß mit Puderzucker bestreut. Früher sprengte man noch Rosenwasser darüber. Sie zergehen auf der Zunge, liegen aber etwas schwer im Magen, wenn man zu kräftig zugelangt hat. Daher steht die Flasche mit einem Klaren in greifbarer Nähe am Kaffeetisch.

Die Muzemandeln, liebevoll Muzemändelcher genannt, sind sozusagen noch eine Steigerung der Muzen. Früher gab es in jedem Haushalt die Mandelformen. Damit wurde das klassische Karnevalsgebäck ausgestochen.

Zum Teig werden 750 gr. Mehl, 250 gr. Zucker, 150 gr. geriebene Mandeln, 100 gr. Butter, 6 Eier, ein Achtel süße Sahne, ein Glas Rum, das Mark einer Vanilleschote, zwei Päckchen Backpulver benötigt. Nachdem der Zucker mit Butter, Eiern und Rum schaumig gerührt worden ist, folgen die anderen Zutaten und werden schnell zu einem festen Teig verarbeitet, den man kurz ruhen lässt und dann etwa 1 cm dick ausrollt. Nun treten die mandelförmigen Muzenformen in Aktion zum Ausstechen. Auch die Muzemandeln werden in heißem Fett schwimmend ausgebacken. Ein Klosterrezept von anno dazumal, das sich die Karnevalswelt erobert hat.

Fastnachts-Püfferkes

Nun folgt, man sieht es schon an der liebevollen, fast holländischen Verkleinerung des Namens, ein niederrheinisches Rezept:

Natürlich werden die Püfferkes auch schwimmend in Fett gebacken und sind eine deftige Einlage vor der kargen Fastenzeit. Hier das Originalrezept: So also backt Frau Christma Thomas, niederrheinisch-westfälischer Herkunft, ihre Fastnachts-Püfferkes. Wenn sie das Rezept erklärt, läuft einem schon das Wasser im Mund zusammen.

Sie macht einen Hefeteig von 500 gr. Mehl, 30 gr. Hefe, einem Ei, einem Viertelliter Milch, 75 gr. Margarine, 75 gr. Zucker und einer Prise Salz. Nachdem der Teig gut gegangen ist, knetet sie 100 gr. Rosinen (oder halb Rosinen, halb Korinthen) darunter, sticht die Teigmasse mit zwei Löffeln zu kleinen Bällchen ab und läßt sie in das siedende Fett gleiten. Wenn sie hellbraun ausgebacken sind, läßt die erfahrene Hausfrau sie auf saugfähigem Papier auskühlen.

Dr Zoch kütt

Er ist der Höhepunkt jeder Session: der Karnevalszug, kurz „Dr Zoch" genannt. Was alles vorher geschah, die Proklamation des Prinzen und der Prinzessin, die Vorstellung bei der jeweiligen Obrigkeit, die Bälle, die Sitzungen, die zahllosen Auftritte der Tollitäten mit ihrem Gefolge, die Besuche in Krankenhäusern, Kindergärten, Altenheimen, kurz alle jene Szenen, die einen Hauch von Freude, von Glanz, von Lebenslust mitbringen und verbreiten, sie waren nur das Vorspiel zu der großen Parade der Karnevalisten, dem siegreichen Zug, der die Herrschaft über Griesgram und Muckertum bestätigt. Vorbei das Biwak der Stadtsoldaten, das auf dem „Dreieckigen Marktplatz" in Bonn noch einen Hauch von kurfürstlicher Zeit verbreitet, wo in der Gulaschkanone die Erbsensuppe brodelt, in der ein Koch mit großer Kelle rührt. Vorbei auch die größte Feuerzangenbowle der Welt, die, sachkundig gebraut, das „Alaaf" (Alles ab) der Narren befeuert. Jetzt gilt nur noch der Ruf „Kamelle, Kamelle".

der Wettbewerb der Ideen zur Gestaltung der Wagen, das Bauen, das Klettern mit dem Farbeimer und dem Kleisterpott zu den höchsten Höhen der Wagen. Denn hoch müssen sie sein, weit zu sehen die Szenen, die da ihren Spott treiben mit den Mächtigen dieser Welt. Als „Schwellköppe" sind sie jetzt dem Spott der Jekken ausgeliefert.

Vorbei ist auch die Angst um das Wetter. Man hat vorgesorgt. In Düsseldorf geht ein Oberjeck zum Stoffeler Kapellchen, wirft ein paar Münzen in den Opferstock vor dem Bild des heiligen Judas Thaddäus, der, Nothelfer für alle Fälle, auch ein guter Freund der Karnevalisten zu sein scheint, und zündet einige Kerzen an. Aus dem rechtsrheinischen Bonn wurde sogar eine Delegation nach Köln geschickt, um im Dom eine Kerze zu entzünden. Und wenn es doch ein paar Tropfen regnen sollte, wird eine Regenhaut über das Kostüm gezogen oder das Paraplui geöffnet. Umgekehrt dient es auch als Kamellenfang.

Kilometerlang zieht sich der „närrische Lindwurm" durch die rheinischen Städte. Siebzig und mehr Wagen rollen an den Jekken vorüber, die die Straßenränder säumen, bis zu zehn Reihen gestaffelt. Sie füllen die Fensterrahmen dicht bei dicht, klettern auf die Laternen, um den großen Überblick zu haben. Beifall brandet auf, wenn die Politiker da in pointierten Szenen „ihr Fett abkriegen", wenn eine stadtbekannte, pikante Geschichte auf die Schüppe genommen wird. Beifall bekommen die „staatse" Formationen der Stadtsoldaten und der Funken, die prall in ihren friederizianischen Uniformen sitzen. Wenn der Zug zum Stehen kommt, legen sie auch mal einen Stippeföttches-Tanz ein, eine Parodie auf die preußischen Militärformationen, oder das Tanzmariechen und ihr Tanzoffizier zeigen rassige Levaden.

Beifall, Beifall, Kamelle, Kamelle. Aus den Satteltaschen der berittenen Gruppen, aus den Körben der Kavallerie, von den Wagen der Karnevalsvereine, die sich nicht lumpen lassen, quellen die Kamelle und „Strüßjer", zu deutsch kleine putzige Blumensträuße und was immer sich werfen läßt. Bei einem Zug hagelte es 1111 Rollmöpse. Und sie wurden aufgerafft von den Jekken am Straßenrand, von den Clowns und den blauen Teufeln, von den Mönchen und Nonnen, den Scheichs und den Hampelmännern, der kleinen Biene Maja und dem Mann mit dem Elefantenrüssel.

Am Puls der Zeit sind die Fußgruppen, Zauberlehrlinge und Schuljungens im Kampf mit dem ABC, Rechenkünstler mit Euro und Pfennigen. Die Phantasie überschlägt sich, tanzt, schlägt Rad. Und immer wieder das Dröhnen der Musikkapellen, vor den Wagen, zwischen den Gruppen, dem straffen Aufmarsch der Uniformen, dem hingegebenen Tanz der selbstvergessenen Torheit, dem Schunkeln zu alten und neuen Karnevalsliedern: „Die Karawane zieht weiter. . ." Vorab und am Rande berittene Polizei, die Pferde glänzend gestriegelt, die Mienen zwischen Strenge und verständnisvollem Wohlwollen. Und die „Freunde und Helfer", die am Straßenrand für Ordnung sorgen und dafür mehr als ein „Bützchen" kassieren.

Höhepunkt und Finale: die Karnevalsprominenz und der Prinzenwagen. Rassige Rosse, weiß wie Gips, die Mähnen zu barocken Kronen hochgetürmt, die Hufe ausgreifend, die Schweife geflochten und gerollt, ziehen den wappengeschmückten Wagen der Tollitäten. Und er, der Herrscher aller Narren, wirft, unterstützt von Adjudanten, mit vollen Händen die begehrten Kamelle unter sein närrisches Volk, das ihm noch einmal huldigt, ihm und ihrer Lieblichkeit, der Prinzessin.

Millionen Jecken an den Straßenrändern, vor den Bildschirmen. Und jedes Jahr werden sie mehr. Auch Städte, die früher keinen Karneval kannten, versuchen sich mit Prunkzügen. Noch hat es mancher Prinz schwer, sein Volk zu begeistern. Aber der Karneval ist im Aufwind, zeigt Dynamik und Ausbreitung von Stadt zu Stadt. Insbesondere seit den siebziger Jahren. Nur am nördlichen Niederrhein um Goch und Kalkar hält man sich bedeckt.

Nicht vergessen seien hier die alten traditionsreichen Formen einer bürgerlichen Fastnacht. Ein Beispiel die „School- und Veedeslzüge" in Köln. Sie sind berühmt für ihren urtümlichen Witz und ihre herkömmlich „kölsche" Figuren. Viele pilgern auch nach Lannesdorf am Südrand von Bonn-Bad Godesberg, wo am

Rosenmontag um 11 Uhr morgens der Zug geht. Von den Wagen werden hier nicht Kamellen sondern handfeste Gaben aus dem Hausgarten und vom Feld geworfen, Petersiliensträußchen, Sellerie, aber auch Möhren und anderes Gemüse. Und es soll auch schon vorgekommen sein, dass „ene staatse (stattlicher) Mann", von einem Blumenkohlgeschoß getroffen, zu Boden ging.

Und so geht der Karneval zu Ende

Noch einmal versammelt sich der Hofstaat um den Prinzen. Es geht mancherorts, so in Bonn, ums Federnrupfen. Der Prinz, der eine Session lang als Zeichen seiner Macht, aber auch als Zeichen irdischer Lust und Eitelkeit die Pfauenfedern auf der Narrenkappe getragen hat, muss Abschied davon nehmen. Eine nach der anderen werden die langen, schön geschwungenen Federn „gerupft". Und zugleich legt der Prinz auch das Zepter, das „Hännesche" ab. Ob es nach dem symbolischen Federnrupfen auch ein verbales gibt, wollen wir dahingestellt sein lassen. Manöverkritik muss sein. Aber schon bald wird gemeinsam wieder einvernehmlich über das nächste Karnevalsmotto nachgedacht.

Am Aschermittwochmorgen aber bewegt sich ein kleiner Trauerzug gebeugter Männer zum Rhein. Sie waschen leere Geldbörsen im Fluss aus, zum Zeichen, dass sie der Karneval den letzten Groschen gekostet hat. Eine Erinnerung an alte Zeiten, als rheinischer Leichtsinn zu Karneval noch sprichwörtlich war. Damals mussten, wie ein Zeitzeuge aus dem Ende des 19. Jahrhunderts berichtet, die Leihhäuser in Bonn und vermutlich auch in Köln, sechs Wochen vor Fastnacht geschlossen werden, damit minderbemittelte Bürger nicht Tisch und Bett vor den Tollen Tagen versetzten.

In Düsseldorf wird heutzutage noch der Karneval in Gestalt des „Hoppeditz" begraben. Schwarzgeränderte Einladungen ergehen zur Trauerfeier im Stadtmuseum. Im Ibach-Saal ist der Hoppeditz, eine Strohpuppe, aufgebahrt, Hunderte von trauernden Düsseldorfer Weitern (eine historische Frauenvereinigung) beweinen ihn. Ein Zug formiert sich durch die Altstadt und endet wieder im Garten des Museums. Wieder werden die Taschentücher gezückt, während der Hoppeditz plötzlich Feuer fängt und verbrennt.

Das Verbrennen einer Strohpuppe ist auch anderwärts bekannt und wird symbolisch auch wohl als ein Abtun von Sünden und Verfehlungen in der Karnevalszeit gedeutet. Übrigens gehören „Bützchen" nicht dazu, wie Pastor Heinrich Bückner aus Moers in öffentlicher Predigt verkündigt. Die katholische Kirche kennt den Begriff „Oscula ex ioco data", Küsse, die aus Spaß gegeben werden. Und sie sind keine Sünde.

Kalenderblatt März

Bauernregeln

Auf Märzenregen
folgt kein Sommersegen.

Wenn es am Josephstag (19. März) schön ist,
folgt ein gutes Jahr.

Trockner März, nasser April, kühler Mai,
füllt Scheuern und Keller und bringt viel Heu.

Ist Maria Verkündigung (25. März) schön und rein,
so soll das ganze Jahr sehr fruchtbar sein.

Ist an Rupert (27. März) der Himmel rein.
So wird es auch im Juni sein.

Gertrud (17. März) ist die erste Gärtnerin.

Märzenstaub
bringt Gras und Laub
Märzenschnee
tut allen weh.

„Im Märzen der Bauer..."

Der März ist ein Monat mit vielen Gesichtern. Das Finale des Karnevals kann noch in die ersten Märztagen fallen und damit auch der Beginn der Fastenzeit. Andererseits ist der früheste Ostertermin auch schon am 22. März möglich (der späteste am 25. April). Denn Ostern ist bekanntlich ein bewegliches Fest und seit der Synode des Jahres 325 auf den ersten Sonntag nach Frühlingsvollmond terminiert. Feststehend sind dagegen der Frühlingsanfang am 21. März und der Beginn der Feld- und Gartenarbeit. Das bedeutet kirchliches und weltliches Brauchtum nebeneinander und oft genug auch Verbindung und Gemeinsamkeit. Ein Monat mit Erwartung und Besinnung.

Das weltliche Brauchtum im Jahreskreis beruht noch weitgehend auf bäuerlich-ländlicher Lebens- und Arbeitsweise und ist zumeist am Kalender der katholischen Kirche orientiert. Die Namen und Feste der Heiligen stellen sozusagen Stationen im Arbeits- und Wirtschaftsjahr dar und sind oft zugleich auch sogenannte Lostage. Diese Lostage sind nach der Erfahrung der Landbevölkerung ausschlaggebend für das Wetter und die Ernteaussichten und bilden daher auch bei den in diesem Buch enthaltenen Bauernregeln die wichtigste Quelle für Voraussagen. Das Brauchtum beginnt im März mit dem Tag des hl. Gregor am 12. März. An diesem Tag wird die Ackerarbeit aufgenommen, ein Auftakt, der im Rheinland und Westfalen da und dort noch zu Mummenschanz und zu Umzügen führte. Das Vieh wurde der hl. Gertrud anvertraut. „Sankt Gertraud führt die Kuh zum Kraut", heißt eine Bauernregel für den 17. März. Andererseits wird die hl. Gertrud auch als „erste Gärtnerin" verehrt. An ihrem Namenstag begannen seit Jahrhunderten im Rheinland die Frauen mit der Gartenarbeit, mit der Vorbereitung der Beete und dem ersten Einsäen. Gartenarbeit war immer Frauensache, weil sie eng mit Haushalt und Küche zusammenhing. In den Gärten wurden die feineren Gemüsesorten gezo-

41

gen, so die schon von den Römern wegen ihrer Süße geschätzten Möhren, Kohlrabi, Erbsen und Bohnen jeglicher Art. Die rheinische Küche ist lange überwiegend eine Gemüseküche gewesen. Dazu kommen die Würzkräuter, deren Kenntnis sich sogar die Burgfrauen rühmten und die sie auch in eigenen Kräutergärtlein zogen. Alles im Schutz der hl. Gertrud.

Bezeichnend, dass am Mittwoch vor dem Tag der hl. Gertrud in Dortmund früher der Schüppenmarkt gehalten wurde, wie auch von jetzt an allenthalben Garten- und Feldgeräte feilgeboten werden.

Vom Tag der hl. Gertrud an wird abends die Arbeit eingestellt, sobald das Licht angezündet werden muss. Mit diesem Datum hat die Lampe ausgedient. Das Tagewerk endet mit dem Tageslicht. Der Mensch passt sich der Jahreszeit an. Man spürt draußen die erste Wärme. Der Boden ist nicht mehr so eisig kalt. St. Joseph (19. März), so sagt man, schlägt einen glühenden Pfahl in den Boden. Und jeder März soll angeblich schon zehn warme Tage bringen.

Von Pillekochen und Murrepott

Vom Aschermittwoch an regierten im Rheinland seit eh und je für vierzig Tage Pellkartoffel, Hering, Quark und andere bescheidene Gerichte. Die Karnevalsgesellschaften schließen die Session oft mit einem gemeinsamen Fischessen, das auch einmal üppiger ausfallen darf. Aber es gibt durchaus auch Tendenzen, die Fastenzeit noch oder wieder mit dem Verzicht auf leibliche Genüsse zu begehen. Dazu bietet die rheinische Küche viele Rezepte an. Sie ist zwar nicht so berühmt wie das Angebot anderer deutscher Landschaften. Aber es lohnt sich, die rheinische Küche insgesamt und insbesondere auch deren Fastenspeisen kennenzulernen.

Ein niederrheinisches Fastengericht war sogar Ludwig van Beethoven so wichtig, dass er das Rezept mit nach Wien nahm. Es war die Brotsuppe, die Beethovens Mutter sicher zu Hause in Bonn zur Fastenzeit gekocht hatte. Die Zubereitung ist einfach: altbackenes Brot wird gekrümelt und mit Quark oder saurer Sahne, Eiern, Pfeffer und Salz verrührt. Diese ziemlich dickliche Masse wird dann mit Gemüsebrühe aufgefüllt und langsam auf kleinem Feuer gekocht, mit Suppenkräutern, vor allem mit Petersilie bestreut und serviert. Beethoven allerdings hatte eine eigene Variante. Er soll zehn Eier in seine rheinische Brotsuppe geschlagen haben. Und damit wäre sie eigentlich kein Fastengericht mehr gewesen. Denn auch die Eier müssen in der Fastenzeit eingespart werden.

Bei einem offiziellen Fastenessen wurden kürzlich in Krefeld Pellkartoffeln mit Quark gereicht. Und alle waren zufrieden. Beliebt ist auch im Rheinland der Heringsstip. Er besteht aus Stücken eingelegter Heringe in einer säuerlichen Rahmsoße, die mit Zwiebelringen und Gurkenstückchen angereichert ist. Ursprünglich wurden in der Tat die selbstgeschälten Pellkartoffeln auf die Gabel gespießt und in die Soße der gemeinsamen Schüssel getaucht. Man musste schon sehr geschickt sein, auch ein Stück Hering dabei zu fischen.

Eine bekannte Fastenspeise im Rheinland sind die Pille-koche (Schnippelkuchen) eine Art Eierpfannenkuchen mit Kartoffeln angereichert. Dazu werden zweieinhalb Pfund Kartoffeln auf einer groben Reibe geraspelt, so dass sie etwa fingernagelgroße, dünne Scheibchen, sogenannte „Piller" bilden. Die Piller werden mit drei Eiern, zwei Esslöffel Weizenmehl und vier großen, sehr fein gehackten Zwiebeln zu einem Teig verrührt, der mit Salz und Pfeffer abgeschmeckt wird. In der großen eisernen Stielpfanne aus Großmutters Küche lassen sich die Pillekoche am besten backen. Und zwar in heißem Öl und mit dem Deckel, versteht sich, damit die rohen Piller auch gar und doch nicht allzu weich werden. Das Rezept reicht für vier dicke Pfannkuchen, die mit Schwarzbrot und Apfelkraut gegessen werden.

Schlichter ist denn auch die Mahlzeit, wenn die Kartoffeln mit einer Specksoße auf den Tisch kommen. Dazu wird fetter Speck ausgebraten, eine Prise Salz hinzugefügt und das Mehl hineingerührt, das aber nicht braun werden darf. Dann wird mit heißer Milch aufgefüllt und das Ganze mit Salz und Pfeffer und einem Schuss Essig gewürzt. Ein deftiges Mittagessen oder Abendbrot.

Zum Schluss sei noch der Fasten-Murrenpott vorgestellt. Während der Möhreneintopf das ganze Jahr hindurch ein fleischhaltiges Gericht ist, wird er in der Fastenzeit mit Äpfeln gekocht.

Ein Kilo Möhren wird in längliche Stücke geschnitten und mit wenig Wasser, zwei Eßlöffeln Butter und einer Prise Salz halbgar gekocht. Acht saure Äpfel werden geschält, vom Kerngehäuse befreit, mehrfach eingeschnitten und mit Zucker bestreut. Die Äpfel werden auf die halbgaren Möhren gelegt und mitgekocht, bis sie weich sind. Eine Verzierung mit Butterflöckchen macht auch dieses Fastengericht ansehnlich und lecker. Dazu Salzkartoffeln.

Am Hungertuch nagen

Eine viel und fälschlich gebrauchte Redensart. Denn das Hungertuch hat nichts mit Armut und Not zu tun, sondern ist ein religiöses Symbol der Fastenzeit. Und „nagen" ist eine falsche Übersetzung des niederländisch-niederdeutschen „naaien" oder „naejen", denn das heißt nähen.

Das Hungertuch war seit dem Mittelalter ein kirchliches Requisit. Mit dem Tuch, auf das die Symbole des Leidens Christi gestickt wurden, waren meist die Altäre verhängt. Oft wurde es auch in der Höhe über dem Altar aufgespannt.

Ursprünglich wurden die Altäre, sofern sie offen waren, einfach mit Leinentüchern verhängt, um der in der Fastenzeit büßenden Menschheit den Anblick der Heiligtümer zu entziehen. Nach und nach setzte religiös symbolischer Schmuck ein. Es gab bemalte, dann mit Holzmodeln bedruckte Fastentücher. Die kostbarsten sind bestickt.

Und von diesen bestickten Tüchern wissen wir seit dem 12. Jahrhundert. Ein erlesen schönes Fastentuch dieser Zeit war in der Kirche St. Aposteln in Köln bis 1875 im Gebrauch. Es verbrannte damals.

Der nördliche Niederrhein hat hervorragend schöne und kunstvolle Hungertücher. Klosterfrauen, aber auch adlige Damen wandten alle Kunstfertigkeit auf, um sie anzufertigen. So stammen aus dem früheren Kloster der Birgittinerinnen in Marienbaum zwei Fastentücher, die auch mit dem lateinischen Namen „Velum" genannt werden. Die Tücher haben sehr große Maße bis zu 20 Quadratmeter. Auf dem größeren der Tücher in Marienbaum sind die Symbole des Leidens Christi und Bilder seiner Passion dargestellt. Ein anderes Tuch aus dem gleichen Kloster muss kurz nach dem Dreißigjährigen Krieg entstanden sein und zeigt Christus als Weltenrichter, der die Toten auffordert mit ihm aufzuerstehen. Die Tücher sind in Marienbaum noch im liturgischen Gebrauch, während die meisten Hungertücher in Museen aufbewahrt werden.

Aus gleicher Zeit stammt auch das großartige Hungertuch, das 1624 in Korschenbroich am Niederrhein gefertigt wurde. Es ist heute im Rijksmuseum im niederländischen Enschede. Neun Quadratmeter groß, bietet es eine reiche Fläche für die Darstellung einer Kreuzigung. Die Kreuze stehen vor den Mauern der Stadt Jerusalem die als szenischer Hintergrund mit Mauern und Türmen erscheint. Kriegsknechte reiten mit Lanzen heran. Maria Magdalena umarmt den Kreuzbalken, Maria und Johannes stehen trauernd unter dem Kreuz. Unterhalb der bildlichen Darstellung gibt ein gestickter Schrifttext den Namen der Stifterin bekannt, einer geborenen Gräfin Maria zu Limburg und Brunkhorst. Hungertücher sind auch in den Kirchen von Kevelaer und Geldern gewesen und heute im Museumsbesitz. Die meisten stammen aus der Zeit zu Ende des dreißigjährigen Krieges, die zugleich auch die Zeit der Gegenreformation war. Damals blühte das kirchliche Leben neu auf. Vielleicht ist aus den Datierungen aber auch zu schließen, dass die kunstvollen Tüchter Bitt- oder Dankgaben waren um Verschonung durch das Kriegsgeschehen.

Kunsthistorische Forschung nimmt an, dass die adligen Damen, die den niederrheinischen Kirchen wie auch in Westfalen diese Hungertücher schenkten, sie auch selbst gefertigt haben, denn kunstvolle Stickerei war ein Bildungsprivileg hochgestellter Frauen und der Ordensfrauen.

Das Hungertuch ist seit der zweiten Hälfte des 18. Jahrhunderts kaum mehr im kirchlichen Gebrauch zu finden. Es ist erst neuerdings wieder zurückgekehrt auf anderen, sozusagen weltweiten Wegen. Heute kommen Hungertüchter in leuchtenden Farben und in eindringlichen Darstellungen aus Ländern, die man vor kurzem noch als „Dritte Welt" bezeichnete.

Sie bringen die Botschaft, dass es im christlichen Sinne nur „Eine Welt" gibt, aber sie sprechen nicht nur vom freiwilligen Fasten, sondern vom geistigen und leiblichen Hunger in vielen Ländern unserer Erde.

Bauernregeln

Trockner April
ist nicht des Bauern Will!
April Regen
ist ihm gelegen.

April kalt und nass
füllt Scheuer und Fass.

Wenn der April bläst in sein Horn
so steht es gut um Heu und Korn.

Sankt Georg (23. April) und St. Markus (25. April)
drohen oft mit viel Args.

Markustag (25. April)
sich der Bauer hüten mag.

Donnert's im April
so hat der Reif sein Ziel.

Der April soll dem Mai
halb Laub, halb Gras geben.

Von den Geheimnissen der „stillen Woche"

Keine Zeit im Jahr hat soviel kirchliches und weltliches Brauchtum wie die Karwoche. Über ihr liegt der große Schatten des Geschehens am Karfreitag. Darum wird die Karwoche auch Marterwoche, schwarze oder stille Woche genannt, am Niederrhein Judaswoche. Sie beginnt mit dem Jubel des Einzugs in Jerusalem am Palmsonntag. Mit Palmzweigen, dem antiken Symbol ewigen Lebens, wurde Christus in Jerusalem begrüßt. In unseren nördlichen Breiten wurden die Palmzweige durch Buchsbaum ersetzt.

In früheren Jahrhunderten wurde der Einzug Christi durch eine Prozession dargestellt und nachvollzogen. Sie gehörte zu den geistlichen Mysterienspielen des Jahres, die den Menschen, welche nicht lesen konnten, die Heilswahrheiten eingängig im Mitvollzug verkündeten. Nach dem Evangelium ritt Christus auf einem Esel. Ein hölzerner Esel diente in der Prozession als Reittier für eine ebenfalls hölzerne Christusfigur. Mancherorts sollen sogar ein Bischof oder Abt auf dem hölzernen Esel geritten sein, der auf ein Brett mit Rädern gestellt war und von den Gläubigen gezogen wurde. Dieser Brauch der Palmsonntagsprozession ist im Rheinland lange bezeugt. In Köln soll 1723 zum letzten Mal die Prozession mit dem Palmesel stattgefunden haben.

Während die Prozession aufgegeben wurde, ist die Segnung der Buchsbaumzweige als Ersatz für die Palmen bis heute üblich. So stehen heute oft in den Kirchen vor dem Altar Körbe mit Buchsbaumzweigen, die geweiht und an die Gläubigen verteilt werden. „Der Palm" wird zu Hause hinter das Kruzifix oder neben die Weihwasserschale gesteckt, oft auch über der Haus- oder Stubentür befestigt und soll Schutz gewähren bei Gewitter. In ländlichen Gegenden steckt der Bauer gern am Weißen Sonntag (dem Sonntag nach Ostern) einen geweihten Zweig in den Acker zum guten Gedeihen der Feldfrüchte und zum Schutz vor Unwetter und Hagelschlag. Auch in Stall und Scheune wird er angebracht oder hoch an den Hausgiebel genagelt. In den Kirchen wird der vorjährige geweihte Buchsbaum aufbewahrt und am Aschermittwoch verbrannt. Mit der Asche zeichnet der Priester den Gläubigen das Aschenkreuz auf die Stirn.

Am nördlichen Niederrhein hat sich eigenes uraltes Wissen und Glauben an den Buchsbaumstrauß geheftet. Hier wird er besonders reich gestaltet mit Seidenbändern und Goldflitter. In den Strauß, der zu Hause gebunden oder auch bis vor wenigen Jahrzehnten noch halbfertig auf dem Markt gekauft werden konnte, versteckte man Äpfel, die durch die Segnung Heilkraft erhalten sollten. Der sogenannte Palmapfel wurde bei Krankheiten als Heilmittel eingesetzt. Ein besonders dicker Apfel, auf ein Weidenstöckchen gesteckt und mit Buchsbaum umgeben galt als „Palmwesch". Der Weidenstock oder auch eine Haselgerte mussten geschält sein, damit sich zwischen Holz und Rinde kein Hexenspuk einnisten konnte. Damit gerät der Palmsonntagsbrauch aber schon in den Bereich der Spökenkiekerei benachbarter Landschaften.

In den Niederlanden verbindet sich die Segnung der Palmzweige oft mit einem Brotsegen, denn in den Strauß wird Gebäck in Gestalt gebackener Räder oder Vögel eingeflochten. In Winnekendonk am Niederrhein aber backt man für die Kinder zum Palmsonntag die „Palmmösse", sitzende Hennen und Küken aus Weißbrotteig.

Rund um das Osterei

Im Rheinland begann allenthalben die „Judaswoche" mit einem gewaltigen Frühjahrsputz, der den letzten Wintermief aus den Stuben fegte. Und dann begann das Färben der Ostereier. Im Mittelalter kannte man nur rote Ostereier. Später wurden sie bunter und bunter, auch kunstvoll koloriert. Am Niederrhein freilich hatte man seine eigene Art die Eier zu färben. Wochen vorher wurden Zwiebelschalen gesammelt, wobei darauf geachtet wurde, dass helle und dunkle, rote und goldfarbene Schalen getrennt aufbewahrt wurden. Sie wurden sortiert in Wasser gelegt und so lange gekocht, bis ein dicker Sud entstand. In diesen Sud wurden die gekochten Eier gelegt. Sie nahmen sehr schöne und fantasievolle Farben und Muster an, je nachdem wie sich die weichgekochten Schalen um die Eier legten.

Es war auch am Niederrhein, wo der Küster in der Karwoche umging und das am Palmsonntag geweihte Taufwasser als Weihwasser in die Häuser trug, oft zusammen und mit einem Palmzweig. Küster und Pfarrhaushälterin nahmen auch als „Eierdröscher" eine bestimmte Zahl von Ostereiern entgegen. Das Deputat wurde auch wohl als „Beichteier" bezeichnet. In der evangelischen Pfarre Leuscheid an der Sieg erhielt der Küster zwei, der Pfarrer drei Ostereier von den Gemeindemitgliedern. In den Dörfern bekamen auch „die jrusse Junge" Eier geschenkt von den Mädchen, damit sie mit ihnen zur Kirmes tanzten und zu Sylvester das neue Jahr „anschossen".

In Königswinter kannte man den Brauch des „Osterrohms". Junge Leute sammelten für den Pfarrer Eier, Geld, Brot und Tabak und auch ausgediente Weinbergstangen. Hier vermischten sich zwei Bräuche: das Einholen der sogenannten „Zinseier" und das „Heischen" (Erbitten) des Brennmaterials für das Fastenfeuer.

Der Brauch, in diesen Tagen ein Feuer zu entzünden, kann von dem Osterfeuer vor der Kirchtür am Karsamstag beeinflusst sein. Andererseits deutet er eher auf ein sogenanntes Hagelfeuer hin, das Feld und Acker vor Unwetter schützen sollte. Der Brauch der vorösterlichen Feuer reichte von den Niederlanden über Flandern und den Niederrhein bis in den kölnischen Raum. Heute ist dieser Brauch erloschen.

Bei der Obrigkeit waren Feuerbräuche meist unerwünscht, weil in den engen ummauerten Städten bei vielen Holz- und Fachwerkbauten die Brandgefahr sehr hoch war. Kurfürst Carl Theodor hat von Düsseldorf aus seinen Landeskindern einmal kräftig deswegen die Leviten gelesen. Der fürstliche Befehl vom 28. Februar 1768 lautet: „An verschiedenen Orten des Landes ist gebräuchlich, das unter Beachtung von allerhand abergläubischen Ceremonien jährlich ein solches Hagelfeuer mittels verschiedenen Haufen Stroh zubereitet und unter dem (freien) Himmel abgebrannt wird. Die Regierung hat von diesen Ereignissen Bericht einzuholen und ob und wo, mit welchen Ceremonien diese Übung bestehe, sie dann unter namhaften Strafen zu verbieten."

Doch zurück zum Osterei. So allgemein der Brauch, Eier zu verschenken, verbreitet ist, so wenig geklärt ist die Rolle, die der Osterhase dabei spielt. Selbst Volkskundler und Heimatforscher sind ihm nicht ganz auf die Spur gekommen. Während das Ei als Ursprung des Lebens seit je in allen Kulturen bekannt und erklärbar ist, erscheint der Hase erst seit dem Ende des 19. Jahrhunderts als Eierproduzent. Vorher haben Kuckuck, Storch und Fuchs in den verschiedenen deutschen Landen die Ostereier gebracht. Der Hase erscheint weitaus plausibler, weil er um diese Jahreszeit schon des öfteren zu sehen ist in der Natur und den Kindern wohl auch als Schmusetier näher steht. Den Begriff „Haseneier" kannte man allerdings schon wesentlich früher, wie ja auch ein von der Reise mitgebrachtes Butterbrot als „Hasenbrot" geschätzt war. Jahrzehntelang regierte der braune Hase aus Pappmaché den Ostertisch, und der Osterhase aus Schokolade gehört heute zu den ersten Frühlingsboten.

Wenn die Glocken schweigen

Die Tage unmittelbar vor Ostern sind wie eine Atempause. Sie legen eine gläserne Stille über das Land. Jeder weiß: jetzt schweigen die Glocken. Mit dem „Gloria in excelsis" der Gründonnerstagsliturgie verstummen die Orgel und die Schellen am Altar, erklingen die Glocken nicht mehr. Ein ergreifendes Schweigen angesichts der Passion Christi, die heute mit dem Gedenken an das letzte Abendmahl beginnt. Auf dem Lande, wo das Geläut noch vielfach den Tagesrhythmus anzeigt, ist das Schweigen der Glocken noch spürbarer als in der Stadt. „Die Glocken fliegen nach Rom", sagt der Volksmund, und am Niederrhein fügt man hinzu: sie reisen zum Papst und bekommen Reisbrei zu essen, dick bestreut mit Zimt und Zucker.

Warum aber der Name „Gründonnerstag". Es geht nicht um die Farbe Grün, sondern um das althochdeutsche Wort „greinen", das weinen bedeutet. Aber das ist längst vergessen, und die Hausfrauen haben sich ihren eigenen Vers drauf gemacht. Sie bringen am Gründonnerstag eine möglichst grüne Speise auf den Tisch. In der Bonner Gegend war es früher oft das erste Stielmus, das mit Kartoffeln untereinander gekocht als das „Gemengde" auf den Tisch kam. Am Niederrhein nannte man es „Kort Mos", kurzes Gemüse. Oder es gab den „korten Henxt", eine Suppe, in der sieben oder auch mehr grüne Zutaten zusammengekocht wurden. Dazu die Aufmunterung, tüchtig zu essen. „Sonst fressen dich die Schnaken im Sommer."

Wenn die Glocken schweigen, traten früher die Messdiener in Aktion. In der Sakristei der Kirchen, zuweilen auch zu Hause wurden die traditionellen Klappern, Rasseln oder Ratschen aufbewahrt, mit denen die Jungen dreimal am Tag, morgens, mittags und abends durch die Dorfstraßen oder die Straßen der jeweiligen Pfarrgemeinde liefen, um die Leute zum Gebet zu rufen. Sie liefen entweder die Pfarrgrenzen entlang oder auch einen herkömmlichen Gebetsweg mit Stationsbildern an den Straßen. So liefen die Jungen mit den Rasseln – daher auch Rasselbande genannt – in Muffendorf noch bis in die sechziger Jahre des vorigen Jahrhunderts den Weg der sogenannten „Fußfälle" ab, einen Stationsweg, den die Mädchen im Dorf auch betend wahrnahmen, wenn ein Mitglied der Dorfgemeinschaft im Sterben lag. In Krefeld-Bockum sangen die Messdiener einen Vers, der mit der Aufforderung endete: „Bett Üch, Ihr Lüe", betet Leute, wobei zu beachten ist, dass das Verb „beten" am Niederrhein rückbezüglich und daher noch eindrücklicher ist.

Zum Programm der Bockumer Klapperjungen gehörte auch der Vorbeilauf an einem Bauernhof, dessen Besitzer sich durch den rhythmischen Lärm der hölzernen Instrumente gestört fühlte und jeweils mit einem Eimer Wasser hinter einem Fenster stand. Nur – und das war der eigentliche Spaß bei diesem Unternehmen – wusste man nie, aus welchem Fenster der Wasserguss

kam und wer davon getroffen wurde. Nahmen die Klapperjungen zu weiten Abstand oder blieb der Wasserguss aus dem
einen oder anderen Grund einmal aus, war die Enttäuschung
groß, vermutlich auf beiden Seiten.

Die Klapperjungen haben ihren Lauf durch die Gemeinde
fast überall eingestellt. Die neue Zeit ist auch über diesen Brauch
hinweggegangen, und die Klappern und Ratschen sind in die
Museen gewandert.

Karfreitagszauber und Küchenkünste

Während sich in der Kirche das feierliche liturgische Ritual des
Tages vollzieht, an manchen Orten noch ein „heiliges Grab" vor
dem Altar hergerichtet wird und auch wohl Kreuzprozessionen
stattfinden, bei denen die Begegnung des Kreuzträgers mit den
weinenden Frauen den Höhepunkt vor der Kirchtür bildet, hat
der Volksglauben seine eigenen geheimnisvollen Vorstellungen
entwickelt. Die Verstorbenen sind als „arme Seelen" wieder unter uns, und ihre Gegenwart lässt alles leise sein. Wie man zwischen Weihnachten und Neujahr den Tisch für sie rein fegt, so
gibt der Bauer jetzt den unerlösten Seelen ein Refugium auf seinem Hof. Er stellt die Eggen mit einem Stock hoch, damit sich
die Armen Seelen dahinter flüchten können, wenn die Höllen-
hunde sie jagen. Denn die wagen sich nicht an die Eggen heran,
weil die Zähne des Geräts mit den verbindenden Latten Kreuze
bilden.

In der Karfreitagsnacht geschieht viel Zauber. Wasser ver-
wandelt sich in Blut, die Tiere im Stall können mit einem Mal
reden und sagen prophetische Worte, und Glocken, die irgend-
wann einmal versanken, sollen geheimnisvoll ihre gebrochene
bronzene Stimme erschallen lassen. Lang ist die Karfreitagsnacht, und früh wird das Licht gelöscht. Wer wollte wohl in dieser Nacht unterwegs sein.

Auch in der Küche regierte der Karfreitag. Es gab Stockfisch
zu essen, der übrigens als besondere Delikatesse galt und von

der Hausfrau erhebliche Kochkünste verlangte. Der Stockfisch gehört als Kabeljau zur Gattung der Dorsche und wurde im Atlantik sowie in Nord- und Ostsee gefangen und gedörrt aufbewahrt. In das Rheinland kam das große Angebot und die weite Verbreitung aus den benachbarten Niederlanden. Heute ist der Stockfisch aus der Speisekarte verschwunden. Es lohnt sich aber, das alte Rezept der legendären Köchin Henriette Davidis noch einmal vorzustellen, um zu sehen, wie umständlich anno dazumal das Kochen sein konnte. Für die schnelle Küche war der Stockfisch jedenfalls ungeeignet.

„Wünscht man den Stockfisch freitags zu kochen", schreibt die Musterköchin des 19. Jahrhunderts, „so legt man ihn spätestens am Dienstagmorgen ein. Vor dem Einlegen bedeckt man ihn eine halbe Stunde mit Wasser und klopft ihn dann mit einem hölzernen Hammer, anfangs nicht stark, nach und nach derber und so lange, bis er locker geworden ist. Doch darf er nicht zerfetzt werden, worauf er dann in vier gleiche Stücke gehauen wird. Zum Einweichen kann man sowohl Pottasche als auch Soda anwenden. Man legte die Stücke in einen Steintopf, mit der Soda bestreut, aufeinander, bedeckt sie reichlich mit weichem Wasser und stellt den Topf bis Donnerstagmorgen, also zwei Tage und zwei Nächte an einen ganz kalten Ort. Dann drückt man die Stücke aus, macht die Schuppen von der Haut und inwendig alles Unreine heraus, schneidet die Flossen weg, spült den Fisch ab und legt ihn in frisches Wasser. Das Wechseln des Wassers muss bis zum nächsten Morgen dreimal geschehen, wobei jedes Mal das Ausdrücken nicht versäumt werden darf. Ist der Stockfisch auf diese Art wohlpräpariert, wird er in ein Leinentuch getan, das verknotet wird. Dieses Paket kommt in einen Kochtopf, in den man auf den Boden einen Teller legen kann, was das Anbrennen verhütet. Der Stockfisch wird mit kaltem Wasser angesetzt, er soll nur heiß werden, keinesfalls kochen. Dann muss er zwei Stunden lang gar ziehen, erst zum Schluss salzen. Zum Austropfen wird er in dem Leinentuch auf ein Sieb gegeben. Dazu isst man Salzkartoffeln mit Rüböl, zerlassener Butter oder eine Senfsoße." Soweit Henriette Davidis.

Vom Niederrhein her bis nach Köln hin waren früher in der Fastenzeit die „Böckemskääls" unterwegs, Holländer in weiten schwarzen Hosen und kurzen Jacken, die mit einem Karren durch die Straßen zogen und Bücklinge verkauften. Das waren geräucherte Heringe, die besonders appetitlich in flachen Weidenkörben angeboten wurden. Die Hausfrauen hatten einen Blick dafür, ob die Bücklinge, im Rheinland „Böckem" genannt, auch frisch und glänzend waren. Die gehäuteten Fische wurden filiert und in Mehl gewälzt und kurz gebraten oder in einem Pfannkuchenteig gebacken. Mit Salat serviert, eine solide Mahlzeit, die vor allem abends beliebt war. Im übrigen trennte sich der Niederrheiner auch in der Fastenzeit nicht von seinem abendlichen „Papp", einer Mehlsuppe, die mit Zucker und Zimt immer willkommen war.

Ostern in neuen Kleidern

Ostern ist bis in unsere Zeit ein stilles Fest geblieben, das die Familie gemeinsam feiert. Im Rheinland und wieder insbesondere am Niederrhein, wo sonst gern ein Frühschoppen genommen wird, bleibt es ruhig in den Wirtschaften.

Wichtig ist aber, zum Kirchgang einen neuen Mantel, Kleid oder Anzug anzulegen. In kleinen Orten wird man noch darauf hin angesehen. Warum wohl? Eine alte Redensart besagt: „Wer an Ostern nichts Neues anzieht, muss den Küster huckepack nach Hause tragen." Volkskundler sind dem Brauch auf die Spur gekommen. Das neue Kleid zu Ostern ist eine Erinnerung an die weißen Gewänder, die bei der Erwachsenentaufe im Rahmen der Osterliturgie angelegt wurden. So steckt selbst im neuesten Chic ein Hauch von Gestern.

Von gestern und vorgestern ist auch der Brauch des Osterwasserholens. Da standen die Mädchen in aller Frühe auf und gingen zum nächsten Bach, zur nächsten Quelle, um Wasser zu schöpfen. Osterwasser war glückbringend und machte überdies schön. Aber beim Schöpfen und Heimtragen durfte kein Wort gesprochen werden, sonst verflog die Kraft des Osterwassers. Kein Wort auch, wenn ein junger Mann mehr oder minder zufällig den Weg kreuzte. Denn er konnte oder sollte der Zukünftige sein.

Im Mittelpunkt des ersten Ostertages aber stand und steht das Eiersuchen. Es wird schon im 17. Jahrhundert, bald nach dem dreißigjährigen Krieg erwähnt. Uralt ist auch das Spiel des Eierkickens: Die Eier werden mit den Spitzen aufeinandergeschlagen. Das geknickte Ei gehört dem Sieger. Ein alter Brauch taucht neuerdings wieder auf. In den Auslagen der Bäckereien sieht man einen gebackenen Osterhasen, einen Kranz oder eine Brezel aus Hefeteig, in die ein buntes Osterei eingebacken ist, wie zu Großmutters Zeit. An beiden Ostertagen erwartet man im Rheinland Besuche der Verwandten, vor allem der Paten, die Eier, Ostergebäck oder Süßigkeiten mitbringen.

Am Ostermontag pflegte man in Köln früher „nach Emmaus zu gehen". Das bedeutete einen Spaziergang von einer Kirche zur anderen bei einer Entfernung von etwa zweitausend Schritten. Im „hilligen Köln" mit seiner großen Zahl von Kirchen und Kapellen war dieser „Emmausgang", der an die Begegnung Christi mit zwei seiner Jünger erinnerte, leicht zu bewerkstelligen. Dabei wurde ein Ablass gewonnen. Nach dem Emmaus-Gang nahm man die Gastfreundschaft von Verwandten in der benachbarten Gemeinde in Anspruch.

Der April bringt zum Abschluss noch am 25. den Markustag, an dem in den ländlichen Gebieten Prozessionen durch die Gemarkungen ziehen. In den Städten werden sie da und dort noch in den Kirchen gehalten. Diese Prozessionen gelten der Fürbitte um das Gedeihen der Feldfrüchte. Am meisten fürchten die Bauern, wie schon zu hören war, den Hagel. Daher sind die Hagelfeiern in den Kirchen uralter Brauch. In Kierberg bei Liblar (Landkreis Köln) findet die Hagelfeier durchweg acht Tage vor Pfingsten statt. Die Gemeinde Erp (ebenfalls bei Köln) entsendet jedes Jahr eine große Kerze in die Pfarrkirche nach Zülpich, um Schonung für die Felder zu erbitten, ein Brauch, dem ein altes Gelübde zugrunde liegen dürfte.

Kalenderblatt Mai

Bauernregeln

Pankraz (12. Mai), Servaz (13. Mai) und Bonifaz (14. Mai),
ohne Regen sind für die Winzer großer Segen.

Ein Bienenschwarm im Mai
ist wert ein Fuder Heu
Aber ein Schwarm im Juni
da lohnt sich keine Mühe.

Fällt anfangs Mai viel Regen ein,
so soll der Wein gefährdet sein.

Viel Gewitter im Mai,
so singt der Bauer Jubellieder.

Maimonat kalt und windig
macht die Scheuern voll und pfündig.

Kein Reif nach Servaz (13. Mai),
so kein Schnee nach Bonifaz (14. Mai).

Pankratius, Servatius, Bonifatius gelten als die sogenannten „Eis-heiligen". Ihnen folgt am 15. Mai noch „die kalte Sophie".

„12.488 zum ersten, zum zweiten, zum dritten". Dreimal fiel der hölzerne Hammer, den der Vorsitzende des Junggesellenvereins führt, und damit ging das schönste Mädchen von Lannesdorf als Maikönigin an den jungen Kraftfahrzeugmechaniker. Er hatte sich unter vierzig Mitbewerbern zum Maikönig qualifiziert.

Man schreibt das Jahr 2002. Aber hier werden noch wie vor vielen hundert Jahren die schönen Mädchen versteigert, sozusagen käuflich erworben. Der Preis von 12.488 Maimark war hoch, selbst wenn man weiß, dass die Maimark nach neuester Währung zehn Cent bedeutet. Und der Kampf um die Maikönigin war spannend gewesen und hatte sich über die Mitternacht hin gezogen, die Angebote hatten sich überschlagen, bis, ja bis der Hammer endgültig fiel.

Die Junggesellen bleiben im Rheinland einer Tradition treu, die nach dem Dreißigjährigen Krieg entstanden ist. Urheber war die Kirche. Sie half damit einem Bevölkerungsproblem ab. In den vom Krieg zerstörten, von wilder Soldateska ausgeplünderten Dörfern wagte kaum einer mehr zu heiraten, eine Familie zu gründen. Da erinnerte man sich alter Mailehensbräuche, die geeignet waren, die jungen Leute wieder auf pläsierliche Weise mit Tanz und Spiel einander anzunähern.

„Heere, schafft Üch een Juffer an", hieß es damals, und die Junggesellen konnten sich das Mädchen ihrer Wahl ersteigern. Sie musste zwischen sechzehn und achtundzwanzig Jahren alt sein und möglichst hübsch. Mädchen, die kein Angebot bekamen, fielen dem allgemeinen, oft sehr drastischen Spott anheim. Die jungen Paare, die durch das Mailehen verbunden waren, mussten für ein Jahr zusammen bleiben, freilich unter sehr sittenstrengen Bedingungen. Bei Tanz und Fest traten sie gemeinsam auf, und der „Maijung" besuchte seine Maibraut auch regelmäßig, aber sie durften sich bei den Gesprächen in Haus und Hof nicht näher kommen, und wenn sie sich gegenübersaßen, musste der Abstand zwischen den Knien zehn Zentimeter betragen.

Heute ist die Wahl des Maikönigspaares der Auftakt zu einer ganzen Folge von Festen, die im Mai gefeiert werden. Dabei sind die Junggesellenvereine meist die Träger alter Traditionen, die sie von Generation zu Generation weitergeben. Die Feste beginnen mit dem letzten Hammerschlag der Versteigerung. Die Junggesellen formieren sich zum Festzug und ziehen vor das Haus der neuen Maikönigin. Die hat ihrerseits schon mit den übrigen Mädchen, welche zur Versteigerung gekommen sind, gewartet und gehofft. Das alles hat ein glückliches Ende, wenn das Ständchen der Junggesellen vor ihrer Tür ertönt. Die Nacht zum ersten Mai ist für das Aufstellen der Maibäume bestimmt. Birken, früher heimlich geschlagen, heute mit vorheriger Genehmigung eingeholt, werden sie den ersteigerten Mädchen vor die Tür gestellt, meist mit bunten Bändern geschmückt. Es gehörte zu den traditionellen Späßen zwischen benachbarten Dörfern, dass Maibäume verschleppt wurden. Daher war eine Wache angezeigt, denn es galt als Schande, sich Bäume entwenden zu lassen.

Der Vorabend zum 1. Mai bringt auch heute noch das Maiansingen, das, auf einem Dorfplatz von dem örtlichen Gesangverein dargeboten, einen großen Zuhörerkreis anlockt. Am 1. Mai folgen die abendlichen Bälle in den größeren Gastwirtschaften. Sie geben den Auftakt zu den sommerlichen Festen, die sich nun aneinanderreihen und bis in den Oktober reichen.

Wo man aus Eiern Kronen flicht

Fünfhundert Eier zu einer Krone vereinigt: Das gibt es nur im Rheinland, genauer gesagt am Nordrand des Siebengebirges und im gegenüberliegenden Wachtberg, das historisch das „Drachenfelser Ländchen", linksrheinisches Land der Herren von Drachenfels ist. Es ist als ob die pure Lebensfreude des Frühjahrs und des kommenden Sommers sich selbst hier krönte.

64

Rundum in allen Gärten und an den Wegrändern vielfarbige Blumen, blühende Bäume, eine Landschaft, die auf allen Straßen von den Sieben Bergen gesäumt erscheint, und in sie gebettet die Dörfer mit dem blitzblanken Weiß-Schwarz des alten Fachwerks und mit neuen Häusern, eines schöner als das andere. Wo die gewundenen Straßen sich zu einem Platz vereinigen, wo sie vor einer Kapelle münden, da schwebt, leicht gewiegt von sachten Wind, die Eierkrone.

Sie soll schon längst vor dem dreißigjährigen Krieg die Dörfer geschmückt haben und nach dem Grauen dieser düsteren Zeit als ein Lebenszeichen erneuerten Brauchtums wieder in Erscheinung getreten sein. Träger dieses Brauchtums sind bis heute die Junggesellen und die Mädchen im Dorf, und das Eiersammeln und Ausblasen ist eine der vielen, seit altersher organisierten Möglichkeiten der Begegnung für das junge Volk. Und irgendwo ganz tief in der Historie steckt natürlich hinter dem Brauch mit der Eierkrone ein Fruchtbarkeitszauber.

Wo die Burschen die Eier sammeln, trugen sie früher den landesüblichen blauen Kittel, und die Eier kamen in eine Kiepe. Der Rundgang durch das Dorf wurde „Diddeldum" genannt. Ein Dudelsackpfeifer ging den Burschen voraus und begleitete sie, wenn sie ihr Heischelied, den „Leuwart" oder „Leuwert" sangen.

He, an diesem breiten Stein
Feierrosen – Blümchen
kummen Nohberschjongen (Nachbarsjungen) ein
Feierrosen – Blümchen
Wacker ist das Mägdelein. . .

Im rechtsrheinischen Küdinghoven, eben am Nordrand des Siebengebirges, sammeln die Mädchen Schalen ausgeblasener Eier. Wenn sie faul waren und nicht genug Eier zusammenkommen, hängen die Jungen ihnen zu Spott und Schande den „Paias", einen Bajazzo aus Stroh und in Lumpen gehüllt auf die Dorfstraße.

Aber dazu wird es wohl selten kommen. Übrigens bringen die Burschen von ihrem „Heischegang" auch Mehl und Speck mit, und wenn die Eier ausgeblasen sind, gibt es einen oder mehrere riesige Eierkuchen, die gemeinsam verzehrt werden.

Dann beginnt in der zweiten Hälfte des Monats Mai die Arbeit an der Eierkrone. Die ausgeblasenen Eierschalen werden mit Strohhalmen und bunten Papierschnitzeln auf Draht gezogen. Und endlich werden die Eier kunstvoll zusammengefügt, oft in aufsteigenden Girlanden, in Formen, die an die riesigen alten Kristallkronleuchter fürstlicher Schlösser erinnern. Allerlei buntes Bandwerk wird als Schmuck eingeflochten.

Am Pfingstmontag wird die Eierkrone in der Ortsmitte aufgehängt, ein Festakt, zu dem das ganze Dorf zusammenkommt. Unter der Krone beginnt das Maikönigspaar den Tanz.

Die Eierkrone wird von Touristen viel angestaunt und fotografiert, von der wissenschaftlichen Brauchtumskunde viel beachtet und sogar beim Entstehen gefilmt, in vielen Bildbänden veröffentlicht. Sie bleibt bis zur Getreideernte hängen. Der Besitzer des ersten heimfahrenden Erntewagens muss den Junggesellen ein Fass Bier stiften. Sie haben es verdient.

Wallfahrt ist Pilgerschaft

In jedem Mai beginnt die Zeit der Wallfahrten. Das Rheinland hat 342 Orte, die als Ziele der Pilger gelten. Auf der Landkarte überkreuzen sich überall die Prozessionswege. Die weitaus meisten Wallfahrten führen zu Muttergottesbildern und zur Christusverehrung. Aber auch die Bauernheiligen wie der hl. Wendelin, Beschützer der Hirten und Herden oder der hl. Christophorus, Helfer und Beistand auf Reisen, werden oft aufgesucht. Die großen Eckpunkte der Wallfahrt waren Trier, wo der Heilige Rock verehrt wird, Aachen, wo schon Karl der Große mit vier großen Heiligtümern, dem Marienkleid, Windeln und Lendentuch Jesu und das Enthauptungstuch des hl. Johannes die Wallfahrt gegründet hatte, Köln mit den Häuptern der hl. Drei Könige. Dazwischen spinnt sich ein Netz von Pilgerstätten.

Die Wallfahrt hat im Rheinland eine bewegte Geschichte. Sie ist zumeist aus der Not im Dreißigjährigen Krieg, oft auch aus Pest- und Seuchenzeiten geboren, Gefahren, denen die Menschen hilflos ausgeliefert waren. Der Krieg tobte im Rheinland wie überall in deutschen Landen. Die ummauerten Städte konnten sich schützen. Die Dörfer auf dem platten Land wurden niedergebrannt, die Menschen von roher Soldateska misshandelt und getötet. Nicht von ungefähr wird Maria oft mit dem großen Schutzmantel dargestellt, ein Wunschbild derer, denen jeder irische Schutz fehlte. Maria gilt als „Consolatrix afflictorum", Trösterin der Betrübten, die die Hilflosen unter ihren Mantel birgt. Erinnerung an eine alte Rechtspraxis: wer den Mantel eines Mächtigen erreicht und bittend ergreifen kann, darf mit Gnade rechnen.

Die Geschichte von Kevelaer

. . . ist beispielhaft für viele Wallfahrtsorte im Rheinland. Sie ist geprägt vom wechselnden Zeitgeist, kennt hohe Verehrung, aber auch Verbote und Anfeindungen. Von der Kirche zuerst bestätigt, wird die Wallfahrt zeitweise aber auch von der Kirche beargwöhnt und eingeschränkt, um dann wieder Förderung und geistliche Führung zu erfahren.

Die Chronik von Kevelaer beginnt im Dreißigjährigen Krieg. Am Niederrhein liegen Truppen verschiedener Kriegsherren. Die Menschen leben in Angst und Schrecken. Das Land ist entvölkert. 1635 töteten Kroaten unter dem kaiserlichen Feldherrn Piccolomini zwei Drittel der Einwohner von Kevelaer. 200 bleiben am Leben, ducken sich in zwanzig Häuser. Trotz der Kriegsnöte geht der Händler Henrik Busmann über Land. Dreimal hält er an einem Hagelkreuz inne, dreimal fordert ihn eine Stimme auf, an dieser Stelle ein Heiligenhäuschen zu bauen. Zu Pfingsten sieht seine Frau Mechel ein großes Licht um einen kleinen Bau. Wenig später bieten ihr Soldaten ein Heiligenbildchen an mit der Darstellung der Schutzmantelmadonna von Luxemburg. Sie lehnt zunächst ab, geht aber dann doch ins Feldlager, um die Soldaten wiederzufinden und erhält das Bildchen aus der Hand eines kranken und gefangenen Leutnants. Ein Jahr später haben die Eheleute Busmann einen bescheidenen Bildstock gebaut aus Ziegelstein, und der Pfarrer Johannes Schenk setzt am 1. Juni 1642 das Bild, einen Kupferstich auf Pergament, 10,5x6,5 cm, ein in das Heiligenhäuschen. 1643 wurde eine Wallfahrtskapelle gebaut, die heutige Kerzenkapelle, 1645 entstand die sechseckige barocke Gnadenkapelle.

Der Ort entwickelte sich schnell durch die Wallfahrt. Eine der ersten Wallfahrten kam aus dem niederrheinischen Rees, wie die große Kerze aus dem Jahr 1643 bestätigt, die dort in der Kerzenkapelle einen Ehrenplatz einnimmt. Aber der Ruf von Kevelaer muss sich bald im ganzen Rheinland verbreitet haben. So zeigt ein Prozessionsschild von 1683 die erste Wallfahrt der Kevelaerbruderschaft von Bonn an, die heute noch besteht und jährlich eine Fußwallfahrt unternimmt. Man wird die Entstehung der Wallfahrt von Bonn nach Kevelaer durchaus im Zusammenhang des dramatischen Verlaufs der Bonner Stadtgeschichte sehen dürfen. Die Residenzstadt der Kurfürsten von Köln hatte in der zweiten Hälfte dieses Jahrhunderts schwere Kriegsschicksale und Zerstörungen zu erleiden und die gequälten Menschen, die im Irdischen keine Hilfe fanden, suchten ihr Heil bei der „Trösterin der Betrübten".

Man hat sich die Wallfahrten früherer Jahrhunderte überaus mühsam und beschwerlich vorzustellen. Noch gab es ja nur wenige gut ausgebaute Straßen, und die waren wegen des überall herumstreifenden Kriegsvolkes auch nicht sonderlich sicher. So suchten die Wallfahrer Nebenwege, die oft über Stock und Stein, Wasserläufe und Ödland führten. Je mühsamer die Pilgerfahrt, umso verdienstvoller wurde sie erachtet. Dabei schleppten die Pilger auch Kranke mit, deren Heilung erfleht werden sollte. Geistig Verwirrte wurden sogar nach alten Wallfahrtsberichten in Ketten mitgeführt. Viele gingen auf bloßen Füßen und kamen blutend in Kevelaer an. Volkstümliches Brauchtum siedelte sich rund um die Wallfahrt an. Krücken wurden zum Zeichen der

Heilung hinterlassen, betroffene Glieder wurden in Wachs, wohl auch in Silber nachgebildet und geopfert.

Die Wallfahrten sind nicht von der Amtskirche eingeführt, sondern als echte Bewegung der Volksfrömmigkeit, meist geboren aus sozialer Not und verzweifelter Hilflosigkeit zu verstehen. So wurde denn auch erst fünf Jahre nach der Einsetzung des Marienbildes am Hagelkreuz zu Kevelaer und sogar auch nach dem Bau der heutigen Kapelle eine kirchliche Untersuchung des Sachverhaltes angegangen. Am 13. Februar 1647 wurde der Händler Hendrik Busmann bei einer Synode in Venlo, die im Kloster ter Weide tagte, nach den Vorgängen befragt, die zur Gründung der Wallfahrt führten. Zwei Jahre später wurden erste Heilungen bestätigt.

Hundert Jahre später, anno 1742 lagen rings um Kevelaer im freien Feld 3000 bis 4000 Pilger „wie ein Heerlager". Zu den Besuchern des Wallfahrtsortes gehörte übrigens auch der Soldatenkönig Friedrich Wilhelm I. Was den Preußen und Protestanten hierher führte, ist aus rheinischen Wallfahrtschroniken nicht zu ersehen. Er ist zweimal in Kevelaer gewesen. Von seinem zweiten Besuch im Jahr 1738 ist das Wort verbürgt: „Je suis Protestant, mais je ne vous suis pas contraire". Schon 1713 hatte der preußische Staat, der ja durch Heirat und Erbgang längst einen Fuß am Niederrhein hatte, sich verpflichtet, die katholische Religion und öffentliche Bräuche, so auch Prozessionen, zu belassen und sogar ein Dekret zur Sicherung der Pilger und ihrer Habe erlassen.

Erst die Zeit der Französischen Revolution behinderte die Wallfahrt und das nicht nur in Kevelaer sondern in allen Wallfahrtsorten, soweit französische Truppen das Rheinland besetzt hatten. Alle religiösen Zeremonien außerhalb der Kirche wurden verboten und als „Arlequinaden" verspottet. Gnadenbilder wurden versteckt, und alle Pilgerfahrten unterblieben zunächst. Aber nach und nach bildete sich ein deutlicher Widerstand in der Bevölkerung, und 1806 wurden die Bestimmungen gelockert, so dass bis Ende der napoleonischen Ära wieder Wallfahrten zu verzeichnen sind.

Im Jahr 1815 kam das Rheinland bekanntlich durch den Wiener Kongress an Preußen, und damit setzte ein neuer Rückschlag für die Wallfahrten ein. Die preußischen Behörden führten unter König Friedrich Wilhelm III. eine strenge Kontrolle in sittlich religiöser wie auch in politischer Hinsicht ein. Es ist die Zeit der Reaktion, in der die Fürsten bei jeder öffentlichen Veranstaltung und größeren Gruppierung innerhalb der Bevölkerung Konspiration und Aufstand fürchteten. Das galt, wie wir schon gehört haben, für den Karneval, aber ebenso für Prozessionen und Pilgerzüge. Aber auch die Amtskirche erhob Einwände gegen die Wallfahrten und zwar aus sittlichen Gründen. Pilger durften nur innerhalb der Diözesangrenzen Wallfahrten unternehmen und dabei nirgends übernachten. Unter dem milderen Regiment König Friedrich Wilhelms IV. durften die Rheinländer wieder ihre Wallfahrtsstätten aufsuchen. Der König, der bekanntlich auch unter dem Beifall aller Deutschen für die Vollendung des Kölner Domes eingetreten war, zeigte Verständnis für die religiösen Bräuche der Rheinländer und erließ ihnen die Passkontrolle bei Pilgerfahrten. Im Hinblick auf Kevelaer soll er gesagt haben: „Die Leute, die hierher kommen, sind nicht gefährlich."

Noch einmal brachte der Kulturkampf eine Beeinträchtigung. Aber schon hatte die industrielle Zeit begonnen. Die Eisenbahn von Köln nach Kleve wurde von 1860 bis 1880 gebaut und brachte einen erheblichen Aufschwung der Pilgerfahrten, die nun umso vieles leichter vonstatten gingen. Kevelaer wurde damals – nach Lourdes – der am meisten besuchte Marienwallfahrtsort der ganzen Welt. Die Eisenbahn, der Ausbau der Straßen und Verkehrsmittel hat das Netz der 342 Wallfahrtsorte im Rheinland ganz allgemein enger verbunden, so dass auch heute noch viele Pilgerfahrten stattfinden. Auch die Fußprozessionen gehen noch, freilich unter erheblich erleichterten Bedingungen.

. . .fährt man zu Schiff. Zum mindesten seit dem Jahr 1828, als die Preußisch-Rheinische Dampfschifffahrtsgesellschaft gegründet wurde. Vorher schleppten sich die Pilger auf steinigen und steilen Uferwegen von Bonn rheinaufwärts. Die Bonner gehören zu den ältesten Prozessionen, die den Marienwallfahrtsort Bornhofen ansteuern.

Das Jahr 1683, in dem sie zuerst nach Kevelaer pilgerten, ist auch der Beginn ihrer Wallfahrt nach Bornhofen gewesen, wo unterhalb der sagenumwobenen Burgen Sternberg und Liebenstein seit 800 Jahren die Muttergottes verehrt wird. Das heutige Gnadenbild stammt aus der zweiten Hälfte des 15. Jahrhunderts und wurde 1925 von dem Limburger Bischof August König feierlich gekrönt.

Wir haben eingangs schon daran erinnert, dass Kriegsnöte zu Ende des 17. Jahrhunderts die Bürger der kurfürstlichen Residenz Bonn veranlassten, überirdischen Schutz zu suchen. So steuerten sie auch Bornhofen an. Fünfundzwanzig Pfarren pilgern jährlich zwischen Mai und September in den malerischen Rheinort. Die Bonner Gruppe ist die bei weitem größte. Sie wird seit Beginn von einer Bruderschaft getragen, der ein Brudermeister vorsteht, der für den ordnungsgemäßen Verlauf der Pilgerfahrt verantwortlich ist.

Im Jahr 1924 gab der Bonner Dechant Hinsenkamp der Bornhofen-Wallfahrt neuen Impuls. Er verlegte die Pilgermesse vom Münster auf das Schiff, für die damalige Zeit eine Sensation. Und da es noch keine Concelebration, die gemeinsame Feier mehrerer Priester an einem Altar gab, mussten bei der großen Zahl der Pilger auf mehreren Decks insgesamt vier Messen gefeiert werden. Das Pilgerschiff bot mit Fahnen und reichem Schmuck einen überaus festlichen Anblick, und in allen Städten und Orten am Rhein erwarteten die Menschen an den Ufern die Vorüberfahrt. Das Schiff legte in Kamp an, und der kurze Weg nach Bornhofen wurde in feierlicher Prozession zu Fuß zurückgelegt. Der Zweite Weltkrieg unterbrach die Bornhofen-Wallfahrt. Aber sie gewann bald ihre Volkstümlichkeit wieder, und das Wallfahrtsbuch vermeldet hohe Zahlen von Pilgergruppen und Einzelpilgern.

Neviges,

heute zu Velbert gehörig, ist ein dreihundertjähriger Wallfahrtsort, der sowohl der rheinischen Diözese Köln wie dem Bistum Essen angehört. Und daher betrachten die im Ruhrgebiet lebenden Katholiken polnischer Abstammung insbesondere Neviges als ihre Gnadenstätte. Der Essener Bischof Hengsbach schrieb in ein Wallfahrtsbuch: „Je mehr das Ruhrgebiet durch die Industrialisierung wuchs, desto größer wurde die Schar der Pilger nach Neviges. Fast alle Pfarren in Essen pilgern jährlich bis heute zu diesem Wallfahrtsort und legen zum Teil auch den Weg zu Fuß zurück." Wenige Wochen vor seiner Wahl zum Papst Johannes Paul II. hielt hier Kardinal Wojtyla vor Tausenden seiner Landsleute ein festliches Amt. Der Kölner Erzbischof Kardinal Joseph Höffner setzte sich für den Bau einer neuen Gnadenkirche in Neviges ein, ein Werk des Architekten Gottfried Böhm, das internationales Aufsehen erregte.

In dieser Kirche, die zu den wegweisenden sakralen Bauwerken des 20. Jahrhunderts gehört, wird ein Gnadenbild verehrt, das vor dreihundert Jahren durch einen Franziskanerpater Antonio Schierley von Dorsten hierher gebracht wurde. Eine geheimnisvolle Prophezeihung hatte vorausgesagt, ein Fürst werde Heilung finden, wenn er eine Wallfahrt hierher gelobe und eine Kirche baue. Es war der Fürstbischof Ferdinand von Fürstenberg der erkrankte, nach einer Pilgerfahrt genas und eine erste Wallfahrtskirche sowie ein Kloster stiftete.

Auch Neviges hat eine wechselvolle Geschichte, die geprägt ist von den Kriegen des ausgehenden 17. Jahrhunderts, von der Säkularisation, vom Kulturkampf und beiden Weltkriegen. Der Bau der neuen Kirche 1966 bezeugt die Bedeutung des Wallfahrtsortes bis in die Gegenwart.

Die Pestwallfahrt nach Bergheim

...gehört zu den ältesten Pilgerfahrten. Sie entstand, als 1598 die Pest im ganzen Rheinland wütete. Auch als die Pest in den Jahren 1622 und 1623 Düsseldorf heimsuchte, nahmen viele Menschen ihre Zuflucht zu dem Gnadenbild in Bergheim, heute eine kleine Kreisstadt, die 20 km nördlich von Köln liegt. Prozessionen kamen meist aus dem näheren Umkreis. Aber in den Jahren verheerender Viehseuchen reichte der Radius der Prozessionen von Bonn und Köln bis weit zum Niederrhein.

Der Ursprung der Wallfahrt nach Bergheim liegt in der Regierungszeit des Herzogs Wilhelm IV. von Jülich (1475-1511). Damals erbrachen Diebe den Tabernakel der Pfarrkirche von Bergheim, raubten Monstranz und Ciborium, um die Altargeräte in Köln zu verkaufen. Die Hostien warfen sie in den nahen Wald. An der Fundstelle der Hostien wurde 1542 eine Kapelle mit einem Kreuz, dem späteren „Pestkreuz" und dem Bild der Schmerzhaften Mutter errichtet, das weithin Verehrung fand. Im 17. Jahrhundert entstanden eine Wallfahrtskirche und ein Franziskanerkloster. 1833 wurden das Gnadenbild und das Kreuz in die Pfarrkirche St. Remigius in Bergheim überführt.

Das Apostelgrab nördlich der Alpen

Aus ganz Europa kommen Pilger zum Grab des hl. Matthias nach Trier, der statt des Verräters Judas Ischariot in die Reihen der Apostel trat. Er soll im Jahr 63 den Märtyrertod in Äthiopien erlitten haben. Es war die Kaiserin Helena, die Mutter Konstantins des Großen, die bekanntlich das Kreuz Christi auffand und auch die Gebeine des Apostels über die Alpen nach Trier brachte. Mit der Zeit geriet das Grab in Vergessenheit und erst 1148 wurde eine Kirche zu Ehren des Apostels eingeweiht. St. Matthias gilt als Schutzheiliger der Bauhandwerker und der Zimmerleute, und seine Verehrung ist denn auch im Volk tief verankert.

Im Rheinland führen viele Wallfahrten zu Fuß nach Trier, so von den südlichen Bonner Stadtteilen Mehlem und Lannesdorf über die Eifelberge hinunter zur Mosel. Diese Matthias-Bruderschaften aus dem Bonner Raum werden alljährlich in Trier und auf den Zwischenstationen, wo sie rasten, mit herzlicher Gastfreundschaft empfangen und gelten als besonders traditionsreich. Papst Pius XII. hat in den Jahren 1927 und 1934 den Bruderschaften von Mehlem und Lannesdorf als besondere Auszeichnung Reliquien übergeben, die dem Apostelgrab entnommen worden waren.

Das ganze Rheinland ist, wie eine Karte der Wallfahrten zeigt, von Pilgerwegen durchzogen. Sie sind Zeugnisse der Geschichte und dokumentieren soziale Zustände und Entwicklungen durch die Jahrhunderte. Wallfahrt bedeutet Verbindung unter gleichgestimmten Menschen, bedeutet ein gleiches Ziel und bildet Gemeinschaft.

Wallfahrt bedeutet aber auch Verbindung über die Grenzen hinweg. So kommen zahlreiche Prozessionen aus den Niederlanden nach Kevelaer, eine Erinnerung an Zeiten der Glaubenskriege und Bedrängung, als die Gläubigen hier geistlichen Trost und freie Ausübung ihrer Religion fanden. Auch heute noch sind unter den 800.000 Pilgern in Kevelaer viele holländische Prozessionen.

Aus dem rheinischen Raum, insbesondere vom Niederrhein her wird auch der Wallfahrtsort Banneux in den Ardennen aufgesucht, der seit den Marienerscheinungen des Jahres 1933 europäischen Ruf hat. Waren früher Wallfahrtsorte oft Stätten des Trostes in Kriegszeiten, so vertritt Banneux ein heutiges Anliegen für die ganze Welt. Seit 1955 hat hier die „Internationale Gebetsvereinigung für den Weltfrieden" ihren Sitz, die heute insgesamt zwei Millionen Mitglieder zählt.

Kalenderblatt Juni

Bauernregeln

St. Veit (15. Juni)
ändert sich die Zeit,
und die Blätter wenden sich auf die andere Seit.

St. Vit bringt die Fliegen mit.

Vor Johannis (24. Juni) bitt um Regen.
Nachher kommt er ungelegen.

Sankt Paulus (30. Juni) klar
bringt gutes Jahr.

Regnet es an Sankt Barnabas (11. Juni)
schwimmen die Trauben bis ins Fass.

Hat Margarit (10. Juni) nicht Sonnenschein,
bringt man das Heu nicht trocken ein.

Wie's Wetter am Medardustag (8. Juni),
so bleibt's sechs Wochen lang danach.

Wenn es am Siebenschläfertag (27. Juni) regnet,
regnet es sechs Wochen.

Wenn die bunten Fahnen wehen

Mit dem Monat Juni wird die Mitte des Jahres erreicht. Der Frühling steuert auf seinen Höhepunkt und sein Ende am 22. des Monats zu. Pfingsten, griechisch „Pentecoste" = fünfzig Tage nach dem beweglichen Osterfest, fällt oft in den Juni und wird mit Herabkunft des Heiligen Geistes als Gründungstag der christlichen Kirchen begangen.

Überall flattern Fahnen. Kirchliche und weltliche Feste folgen einander, sind von Grund auf miteinander verbunden, gehen ineinander über. Am Fronleichnamsfest werden in den Dörfern Blumenteppiche ausgelegt, die Straßen mit Fahnen geschmückt, und Altäre im Freien aufgebaut. Seit dem 14. Jahrhundert führt in Köln die Gottestracht zu Schiff zum rechtsrheinischen Mülheim. Die Menschen, die am Ufer wohnen, danken für den Strom, der der Segen des Landes ist als Weg der Schiffahrt, des Handels, und der früher auch durch seinen Fischreichtum Lebensunterhalt und Nahrung gab. Durch reich geschmückte Straßen und mit dem Ehrengeleit der Schützen geht die große Prozession vom Dom zum Rhein. Ein Schiff nimmt die Gläubigen, die Geistlichkeit und das Sanktissimum auf und kreuzt den Strom, begleitet von beflaggten großen und kleinen Booten, während Böllerschüsse dröhnen. Ein prächtiges Schauspiel, das alljährlich viele Menschen nach Köln führt, die von beiden Ufern aus der „Mülheimer Gottestracht" beiwohnen.

Ein Höhepunkt im kirchlichen Brauchtum des rheinischen Jahresablaufs ist der Gymnicher Ritt am Himmelfahrtstag. Die Gemeinde Gymnich-Erft sieht an diesem Tag bis zu 5000 Zuschauer, die dem feierlichen Vollzug eines alten Gelübdes beiwohnen.

Morgens um sieben Uhr brechen bis zu 280 Reiter und 13.000 Fußpilger auf und umkreisen mehrfach die Gemarkung. Ein imponierendes Bild volkstümlicher Frömmigkeit.

Man schrieb das Jahr 1227, als der Ritter Arnold von Gymnich mit dem christlichen Heer unter dem Kaiser Friedrich

II. in das Heilige Land zog, um dort die Stätten des Lebens Jesu aus der Hand der Ungläubigen zu befreien. In einem überfluteten Gebiet drohte der Ritter mit seinem Pferd zu versinken. In höchster Not gelobte Arnold von Gymnich, nach Rettung und Heimkehr in seinem Heimatort alljährlich einen Ritt um die Dorfgemarkung zu tun. Im Augenblick des Gelübdes flog eine Wachtel auf. Das erschreckte Pferd scheute und bäumte sich auf, gewann dadurch wieder mit einem Satz Boden unter den Hufen und trug den Ritter sicher weiter. Die Familie von Gymnich und die Dorfbewohner erfüllen bis heute das Gelöbnis.

Der Prozession, die durch die Felder zieht, wird ein vergoldetes Tragekreuz vorangetragen, welches Partikel vom Kreuz Christi enthält. Auch diese Reliquien haben ihre Geschichte. Ein späterer Ritter von Gymnich war Gefolgsmann des Kölner Erzbischofs Dietrich von Moers und zog im Jahre 1554 mit ihm in den Türkenkrieg. Er geriet dabei in Feindeshand. Als Dank für seine Rettung aus türkischer Gefangenschaft, gelobte der Ritter eine Pilgerfahrt in das Heilige Land, brachte von dort die Partikel mit und stiftete das Vortragekreuz. Mit diesem Kreuz werden Menschen, Tiere und Fluren in der Dorfgemarkung Gymnich im Verlauf der Prozession gesegnet, die zu den großen Ereignissen des rheinischen Jahres gehört.

Kirmes rheinauf rheinab

Jetzt ist die hohe Zeit der Kirmessen gekommen. Rheinische Dörfer liegen behaglich im hellen Grün der Obstgärten am Ufer des Flusses, am Hang der Berge, in der weiten Ebene des Niederrheins. Fahnen wehen. Fachwerk ist frisch geweißt. Kirmes bedeutet Kirchweih und erinnert an den Tag, an dem das Gotteshaus des Dorfes eingesegnet wurde. Das ganze Dorf schmückt sich. Kirmes ist das größte Fest im Jahr. Man stellt zur Schau, was man vermag. Schließlich kommt die Verwandtschaft von nah und fern. Alles wird zur Kirmes eingeladen. Soviel Schlafstätten wie irgend möglich werden vorbereitet.

Es beginnt mit dem großen Reinemachen in Haus und Hof. Die hohen Tore, die sonst nur für Erntewagen geöffnet werden, stehen weit offen und jeder kann in den Innenhof blicken, wo das Acker- und Feldgerät geputzt an der Wand steht, Bänke und Tische gastlich bereit gestellt sind und Blumen auf allen Fensterbänken blühen. Die letzte „Schüpp ist afjekratz". Alles ist blank. Das Vieh wird für die Kirmestage auf die Weide getrieben, damit nicht soviel Arbeit anfällt. Bleibt nur das Melken.

Inzwischen sind die Dorfstraßen sauber gefegt, und die Backöfen sind angeheizt. Noch heute ist in manchen Dörfern der Gemeindebackofen, der „Backes" erhalten, ein kleiner Steinbau, der allen Familien zur Verfügung stand. Nach einer festgelegten Reihenfolge, versteht sich. Vor der Kirmes wurde der öffentliche Backofen nicht kalt. Es wurde viel Brot gebacken, der traditionelle Kirmes-Platz, eine feine Weißbrotspezialität (Rezept folgt) und viel Kuchen.

Sehr beliebt war im Rheinland die „Grießmehltaat" (Torte), die heute aber längst vergessen ist. Dafür gibt es die herkömmlichen Plattenkuchen mit Obstbelag, am besten zur Pflaumenzeit mit „Prumme" oder mit Streusel. Man läßt sie aber längst beim Bäcker „abbacken" oder kann sie heute auch im eigenen Herd herstellen. Im „Backes" wurden übrigens auch Braten geschmort. Sie sollen delikat gewesen sein. Besonders der Sauerbraten, eine rheinische Spezialität, deren Rezept wir ebenfalls im Anschluss an diesen Kirmesbericht verraten wollen. Das Essen am Kirmestag wurde nach guter alter Sitte eingeleitet mit einer Rindfleischsuppe, die – sehr im Gegensatz zum heutigen Geschmack – nach der Zahl und Üppigkeit ihrer Fettaugen begutachtet wurde.

Soweit die häusliche Vorbereitung. Für das Fest und sein Gelingen waren die Junggesellen des Dorfes verantwortlich. Ihr Anführer war der Scholtes (Schultheiß), der die Einhaltung der alten Kirmesbräuche überwachte. Die Gemeinschaft der Junggesellen besteht heute längst nicht überall mehr, und so haben meist die Ortsvereine die Organisation übernommen.

Im Mittelpunkt des Festes und des Dorfes steht der Kirmesbaum. Männer fällen eine möglichst große schlanke Fichte. Der Stamm wird von den Ästen befreit und bis auf das weiße Holz geschält. Hier spielt wohl wieder der alte Aberglaube eine Rolle, den wir schon beim Maibaum erwähnten, dass sich zwischen Rinde und Stamm böse Wesen festsetzen. Den Männern, die den Baum geschlagen und eingebracht haben, steht ein Umtrunk zu. Mädchen flechten den Kranz für den Maibaum, die Feuerwehr stellt ihn auf. Nachmittags kommen dann „die Jungen" und bringen die Kirmespuppe, den „Schabeies", der auf dem Dorfplatz aufgeknüpft wird. Ihm wird eine Flasche in die Tasche seines abgewetzten Anzugs gesteckt.

Zum Festbrauch gehört auch mancherorts der Kirmesknochen, der als Symbol der wiedererstandenen Kirmes alljährlich ausgegraben und im Umzug durch das Dorf getragen wird. Am Ende der Kirmes wird er wieder zu Grabe getragen.

Zum Auftakt der Kirmes geht eine Delegation zum Pfarrhaus, um dort den Beginn des Festes anzusagen. Auch der Bürgermeister oder Ortsvorsteher wird benachrichtigt. Und am Abend schwingt sich alles im Kirmesball. Dabei kommen gelegentlich sogar noch die alten Reihentänze wieder zu Ehren. In Muffendorf wird zur Kirmes sogar noch die dörfliche Quadrille aus dem 19. Jahrhundert getanzt, die ein Tanzmeister kommandiert. Sie wurde nach alten Vorlagen rekonstruiert, nachdem die Tanzweise durch einen Zufall wiedergefunden wurde. Die Quadrille, die dem amerikanischen Squaredance gleicht, besteht aus fünf „Abenteuern", die „Avendös" genannt werden. Die Tanzfiguren sind kunstvoll aufgebaut mit Kreuzgang und Rundgang und enden in einem Walzer.

In der Festfreude der Kirmes werden auch die Toten nicht vergessen. Nach dem Hochamt geht eine Prozession zum Friedhof, vorweg die Ministranten mit dem Kreuz, die Schulkinder in Doppelreihen, dazwischen Lehrer und Vorbeter. Die Kirmesfahne wird in der Prozession getragen und ein örtlicher Musikverein begleitet die Beter.

Inzwischen haben die Wirtshäuser geöffnet, und der Frühschoppen beginnt. Um die Mittagszeit sind die Straßen wie leergefegt: die Familien sitzen zu Tisch und loben den Sauerbraten. Höchste Qualität, wenn man die Scheiben mit der Gabel zerdrücken kann. Als Nachtisch gibt es Makai, Quark, der mit Sahne, Vanille, Zimt und Zucker gerührt und mit fein gekrümeltem Pumpernickel angereichert ist. Eine typisch rheinische Delikatesse.

Schürreskarren-Rennen und Hahnengericht

Der Nachmittag des Kirmesdienstag bringt das Schürreskarren-Rennen, zu deutsch ein Wettrennen mit der alten, hölzernen einrädrigen Garten- oder Feldkarre. Wer mitmachen will, kleidet sich möglichst in altmodische Jacken und Hosen, Röcke und Blusen, die um das Jahr 1900 zur Festtracht gehörten. Die Startplätze im Schürreskarren-Rennen werden ausgelost. Jedes Gespann hat einen Fahrer und einen Beifahrer, die sich ablösen dürfen. Auch Frauen sind mit am Start. In Muffendorf liegt auf der Schürreskarr ein Kohlkopf, der nicht herunterfallen darf. Die Distanz des Rennens beträgt 300 Meter. Preise sind ausgesetzt. Aber auf jeden Fall gibt es am Ziel einen klaren Schnaps.

Das Hahnengericht gehört zu den uralten Riten und hat sich nur in abgewandelter und gemilderter Form bis in die Gegenwart erhalten. Einem Tier – wir kennen den Sündenbock aus der Bibel – werden die Sünden, Laster und Vergehen der Menschen auferlegt, die mit dem Tod gebüßt werden. Ein Hahn wurde früher lebend, aber durch Alkohol betäubt, kopfüber in einen Korb gesteckt. Aus einem Loch ragte der Kopf des Tieres heraus. Heute wird der Hahn vorher getötet. Das Hahnengericht beginnt mit einer Scheltrede. Das Urteil lautet: dreifacher Tod durch Ertränken, Aufhängen und Enthaupten.

Die Teilnehmer tragen sich vorher in eine Liste ein, die bis zu 200 Namen enthalten kann. Beim Schlagen mit dem Säbel gibt es alle möglichen Tricks. Rundum stehen die Dorfbewohner, die die Erfolgsaussichten sachkundig einschätzen, bis schließlich der Sieger den Säbel mit dem aufgespießten Hahnenkopf präsentiert. Er ist der Hahnenkönig, seine Frau die Königin. Ihr werden die Federn vom Schwanz des Hahnes mit einer Spange in das Haar gesteckt. Ein Festzug durch das Dorf und ein Umtrunk beschließen das Hahnengericht.

Der letzte Tanz der Kirmes wird am dritten Tag um vier Uhr nachmittags als Polonaise begonnen. In der Morgenfrühe wird der Kirmesknochen wieder begraben, der Schabeies mit der Schüppe erschlagen und dann verbrannt.

Zum Schluss gibt es noch die Kirmesbeichte, die der sogenannte „Hötjonge" abnimmt, der die Bräuche der Kirmes zu hüten hatte. Entgleisungen beim Fest werden mit einer Schnapsrunde gesühnt.

Die genaue Beschreibung einer Dorfkirmes konnte nach einem Film vermittelt werden, den das Amt für Landeskunde in Nettersheim erstellte.

Sauerbraten, die rheinische Delikatesse

An Kirmestagen, aber auch an manchem anderen Sonntag im Jahr, zieht der Duft des Sauerbratens durch die Straßen der Dörfer, wandert mit den Kleidern in die Kirche und zum Frühschoppen, und entfaltet sich ganz, wenn der Braten auf dem Esstisch erscheint. Es soll auch Sauerbraten in anderen deutschen Ländern geben. Aber kein Rezept kann mit dem rheinischen konkurrieren. Sauerbraten ist rheinischer Eigenbesitz, ganz und gar abhängig von der Kunst des Würzens.

Und die haben die Rheinländer ja nun einmal von Römerzeiten an gelernt. Denn am Rhein wurde bekanntlich zuerst auf deutschem Boden höhere Kochkunst geübt. Womit nicht gesagt sein soll, dass der Sauerbraten römischer Herkunft ist. Aber selbst Apicius, römischer Schlemmer von hohen Graden und Autor des ersten Kochbuchs, dürfte sich über dieses Rezept wohlwollend geäußert haben.

Indes es sollte noch ein paar Jahrhunderte dauern, ehe die Rheinländer die Gewürze zusammen hatten, die sie für ihren Sauerbraten benötigen. Diese Gewürze aus fernen Ländern kamen mit den Schiffen niederländischer Kaufleute bis Köln und von da aus in die rheinische Küche. Obwohl sie sehr teuer, „peperdüür" waren, d. h. gepfefferte Preise hatten, benutzten die Hausfrauen sie seit je gern, aber sparsam. Es kommt auf das ausgewogene Zusammenwirken und das Fingerspitzengefühl der Köchin an. Und so wird der Sauerbraten „komponiert":

Ein Kilogramm Rindfleisch, kennerisch ausgewählt aus Schulter, Nuss oder Oberschale, wird in eine Marinade eingelegt. Sie besteht aus einem halben Liter Wasser, einem viertel Liter kräftigem roten Weinessig, einem Teelöffel Salz, drei mittleren Zwiebeln und einer Möhre. Dazu kommen fünf Nägelchen, das sind Nelken, zehn Wacholderbeeren, zehn Pfefferkörner und ein halber Teelöffel Senfkörner, eine Messerspitze Koriander und Majoran, zwei Lorbeerblätter und ein Teelöffel getrockneter Rosmarinblätter. Die Marinade wird zum Kochen gebracht, und nach dem Abkühlen in einen der rheinischen blaugrauen Steintöpfe gegossen. Darin wird das Fleisch drei Tage an einem kühlen Ort aufbewahrt und dann und wann umgedreht.

Auf diese Weise durch und durch mariniert, wird es gut abgetrocknet und im eisernen Brattopf in heißem Öl, früher auch Talg, rundum angebraten. Dabei sollten zwei klein gehackte Zwiebeln schon mitschmoren, ehe die Marinade hinzugefügt wird. Sie kann verfeinert werden durch einen herben Rotwein von der Ahr oder von der Nahe und wird aufgefüllt mit 200 gr. Rosinen, 50 gr. Korinthen, einem Eßlöffel Apfelkraut (oder auch etwas mehr) und vielleicht noch je nach Geschmack einem säuerlichen Apfel. Der rheinische Geheimtip beim Sauerbraten sind jedoch Printen. Printen werden zugefügt, um die Soße sämig zu machen. Erfahrene Hausfrauen backen zu Weihnachten soviel davon, dass sie das Jahr hindurch genügend haben, um dem Sauerbraten die letzte Abrundung zu geben. Denn in diesem Aachener Gebäck, das während der napoleonischen Zeit erfunden wurde, sind Rübenkraut, Zukker, Kandis, Orangeat, Anis, Koriander, Piment und Nelkenpulver enthalten, Gewürze, die mit dem Essig und dem herben Wein eine ideale Verbindung eingehen.

Zum Sauerbraten gibt es meist Kartoffelklöße. Aber ganz echt ist die Beigabe von Reibekuchen. Und natürlich Apfelmus von schönen Bosköppen.

Man möge verzeihen, dass einem einzelnen Gericht in diesem kleinen Buch soviel Platz eingeräumt wurde. Aber damit ist nun wirklich Leib und Seele des Rheinländers angesprochen.

Kirchweih-Platz

Und wenn noch soviel Kuchen gebacken wird zur Kirmes, der Bauern- oder Kirchweih-Platz darf nicht fehlen. Er kommt auch oft an Sonntagen auf den Kaffeetisch und ist manchem lieber als der Kirmeskuchen. Zumal wenn eine dicke Scheibe Platz mit Butter bestrichen auf eine entsprechend große Scheibe Schwarzbrot gelegt wird. Eine Kombination, die sich als „Platzbotteramm" größter Beliebtheit erfreut. Daher hier das schlichte Rezept.

> Von 1000 gr. Mehl, 150 gr. Butter, 80 gr. Zucker und einem halben Liter Milch wird ein üblicher Hefeteig zubereitet. In den Teig werden eine Tasse Rosinen und eine Tasse Korinthen eingearbeitet. Man formt den Teig zur Kugel und läßt ihn gehen, um ihn dann, etwas abgeflacht oder in einer langen, gut gefetteten Kastenform zu bakken. Bitte in der Mitte einen Einschnitt mit einem Messer machen und den Platz mit etwas Milch einpinseln, damit die Oberfläche schön glänzend wird. Gegen Ende des Backvorganges deckt man den Platz ab, damit die Hitze von oben ihn nicht zu dunkel werden läßt.

Johannistag ist Sommersonnenwende

Am 24. Juni, sind wir wieder einmal an einem Tag angekommen, an dem heidnische und christliche Überlieferung sich begegnen und ineinander übergehen. Es ist Zeit der Sonnenwende, der Umkehr der Sonne von ihrer größten nördlichen Abweichung nach dem Äquator zu. Die christliche Kirche begeht die Geburt Johannes des Täufers. Nach ihm ist der Tag heute benannt. Dazu kommt eine Besonderheit der Zeitrechnung. Der Johannistag liegt als Geburtstag des Vorläufers Jesu mit dem 24. Juni genau sechs Monate vor dem Heiligen Abend, vor Christi

Geburt am 24. Dezember. Aber unter christlichen Namen und Bezügen schwelt vorchristlicher Brauch und Glauben.

Wir setzen unter allen Bräuchen den schönsten voraus: Francesco Petrarca, hochgefeierter Poet und Begründer des Humanismus, kam im Jahr 1333 auf einer seiner europäischen Reisen nach Köln. Es war am Johannistag, und der italienische Dichter sah eine Szene, die ihn tief bewegte. Junge und schöne Frauen, so berichtet der damals Neunundzwanzigjährige, seien zum Flussufer hinab gestiegen. Sie beugten sich nieder, tauchten ihre Hände in das Wasser, das nach Norden fließt, und sahen den Wellen nach, in der Gewissheit, sie nähmen alles Übel mit. „Glückliches Volk", resümierte der Philosoph, „glückliches Volk, das seine Schmerzen und Fehler dem Rhein anvertrauen kann."

War die Szene am Flussufer mittelalterlicher Brauch oder uralte Weisheit? Petrarca ist dem nicht nachgegangen. Er nahm nur das schöne Bild mit sich und überlieferte es der Nachwelt.

Früher loderten an den Ufern des Rheines und auf den Bergen die Johannisfeuer, heute allenfalls noch im südlichen Rheinland in der Eifel, im Hunsrück und im Westerwald. Aber noch werden Kränze geflochten aus Kamille und anderen duftenden Kräutern. Abends, beim Angelusläuten werden die Kränze auf das Dach des Hauses geworfen. Jede Seite des Hauses muss ihren Kranz haben, damit Herd, Scheune und Stall gegen Blitzschlag gesichert sind. In Winnekendonk am Niederrhein werden die Hausgiebel mit Blumen geschmückt. Ein besonderer Schutzzauber geht von Nusszweigen aus. Sie sind in den Kränzen enthalten und man steckt sie auch in die Ackerfurchen, um die Ernte zu schützen. Für den Anfang des vorigen Jahrhunderts waren noch traditionelle Reigentänze am Abend des Johannistages üblich. Auch vor dem Kölner Dom wurden sie getanzt. Sie sind vergessen. Allenfalls hebt man noch das Glas zu guter Stunde und trinkt den Johanniswein.

Der verlorene Name
Versuch einer literarischen Variation

Es war am Johannistag des Jahres 1810, als der Teufel in Gestalt eines eleganten Kavaliers in eine Weinstube am Rhein trat. Es war ihm kürzlich gelungen, den Schatten und das Spiegelbild zweier Menschen in seinen Besitz zu bringen, und nun verlangte ihm nach einem dritten irdischen Attribut, einem bürgerlichen Namen.

Er konnte es sich allerdings an den Fingern seiner spinnengierigen Hände abzählen, dass ihm dergleichen nicht mehr lange glücken werde. Denn man war ihm schon auf die Spur gekommen. Der Herr Adalbert von Chamisso und der Kammergerichtsrat Ernst Theodor Amadeus Hoffmann hatten die Federkiele gespitzt, dieser um die traurige Geschichte des Peter Schlemihl niederzuschreiben, der seinen wertvollen Schlagschatten gegen einen unerschöpflichen Goldsäckel getauscht; und der andere, ein Mensch namens Erasmus Spikher, hatte sein Spiegelbild gegen das Phantom einer unseligen Liebe preisgegeben. Beide irrten nun auf der Suche nach diesen Teilen ihres reputierlichen irdischen Wesens durch die Welt.

Nun also ging es dem Geheimnisvollen, der sich so gern unter die Menschen mischt, um einen wohlanständigen bürgerlichen Namen. Und den gedachte er in der Weinstube am Rhein zu finden in dieser Sommernacht, in der soviel Seltsames umgeht.

Er war mit Bedacht spät gekommen, als der Wein schon seine Wirkung getan hatte. Und so wandten sich die Gäste in der Wirtsstube mit offenen und arglosen Gesichtern dem Fremden zu, der seinen elegant geschweiften Zylinder grüßend schwenkte. Der sah mit einem Blick, dass weder bei den anwesenden Winzern, noch bei dem Apotheker, noch bei dem Schullehrer etwas zu holen sei. Darum setzte er sich an den Tisch eines jungen blonden Menschen, dessen versonnene Züge ihm einige Hoffnung für sein Vorhaben gaben. Langsam leerte sich die Stube. Der junge Mensch aber war so in seine Gedanken versunken, dass er weder die späte Stunde noch den Fremden an seinem Tisch recht zur Kenntnis nahm.

So konnte der Geheimnisvolle in Ruhe das Gesicht seines Gegenüber studieren und hinter der geneigten Stirn die trüben Gedanken aufspüren: „Warum sieht einer die Welt in bunten Bildern und dichtet die schönsten Lieder, wenn keiner sie hören will?"

Der junge Mensch holte seine verlorenen Blicke aus dem blauen Dunst der Stube zurück und sah den eleganten späten Gast verwundert an. Hatte er laut gegrübelt? Der Fremde wischte die Frage vom Tisch und warf das Wort „Erfolg" so geschickt aus, dass es dem jungen Poeten wie eine goldene Blüte zufiel.

„Nichts leichter, als den Erfolg an sich zu binden", sagte der Fremde und hob das Glas, in dem der Wein dunkelrot schimmerte.

„Und der Preis?"

„Gering. Der Herr müsste sich von seinem Namen trennen." Der junge Dichter lachte und trank mit dem Wein gleichsam den Erfolg schon in sich hinein. Sein Name? Wer hatte bisher danach gefragt, seit er begonnen hatte Verse zu schreiben. Wie viele Dichter schrieben unter fremdem Namen. Der Erfolg werde nicht gerade an den paar Buchstaben hängen. Was nur der Herr mit seinem Namen wolle?

Nichts von Wichtigkeit. Er sammle dergleichen, sagte der Fremde artig. Der junge Mann möge nur seinen Namen – er hieß doch wohl Georg Schmieden – langsam aussprechen, damit er ihn Laut für Laut von seinen Lippen nehmen könne.

Verzaubert folgte der Überraschte und sah zugleich, wie in dem wölkenden Pfeifenrauch der Wirtsstube die Laute zu Buchstaben wurden. Der Fremde griff sie aus der Luft und barg sie in einem feuerroten seidenen Tuch. Dann verbeugte er sich mit Artigkeit: „Man kann den Namen eines Tages zurückerhalten, völlig unbeschädigt, um ein kleines Entgelt, um ein wenig Seele..."

Dem jungen Mann wäre das alles wie eine Phantasie in der Johannisnacht erschienen, wenn nicht am anderen Tag die Sonne im Zeichen des Erfolgs für ihn aufgegangen wäre. Ein höflicher Mensch meldete sich in seiner Kammer, stellte sich als Verleger vor, der von seinen Gedichten gehört habe und keinen anderen Wunsch kenne, als ihnen den Weg in die Welt zu bahnen. Der Verleger wunderte sich zwar ein wenig, als der Dichter einen Namen nannte, der ihm so fremd anstand wie ein geborgtes Kleid. Aber weil die Poeten die geistige Verkleidung lieben, dachte er sich nichts dabei. Erst als dieser Name, kaum gedruckt, auf geheimnisvolle Weise wieder vom Papier verschwand, sah er einen Zipfel vom Frack des Unbekannten.

Aber da war das Buch schon in die Welt gegangen, und das ganze Land klang von den Liedern, die vorher keiner hatte hören wollen. Sie lagen auf den Lippen der Frauen und brachten den Männern den Duft der kostbarsten Jahrgänge des Weines zurück. Dem Dichter aber, der geglaubt hatte, von einem Namen in den anderen zu schlüpfen, wurde mit jäher Deutlichkeit bewusst, wer der Fremde gewesen war, und auf welchen Handel er sich eingelassen hatte.

Er musste sich damit abfinden, dass seine Bücher ihm Erfolg und Reichtum aber keinen Ruhm brachten. Man liebte seine Verse, aber man kannte ihn nicht. Keiner konnte ihn anreden, keiner fand eine Brücke zu ihm. Und wenn er selbst die Menschen suchte und einen erfundenen Namen sagte, zerfiel er wie die Rauchkringel damals in der Wirtsstube, und wenn er ihn niederschrieb, löschte eine unsichtbare Hand die Zeilen.

Nach solchen Erfahrungen verließ der Dichter den Rhein und reiste, soweit ihn sein unrastiges Herz führte. Denn noch war er jung genug, den Schmerz um die fehlende Gemeinschaft mit den Menschen durch die Schönheit der Welt zu betäuben. So erzählten seine Bücher nun von den Wundern ferner Länder. Und weil es nun einmal die Sitte großer Herren ist, anonym zu reisen, und weil zudem der Verleger verstand, das Geheimnis um den Namenlosen reichlich zu vergolden, so hatte er zunächst kaum Ursache, des Johannisabends in der Weinstube am Rhein mit Groll zu gedenken.

Bis er eines Tages wieder an den Rhein kam und unter den

gesenkten Zweigen einer Weide am Fluss einem Mädchenlächeln begegnete, das den rastlos Reisenden bewog, zu bleiben. Einen Sommer lang hielt er das Leben selbst im Arm, und keine Frage kam auf, wenn sie beieinander waren. Sie hörte auf die vielen Namen, die er ihr ins Ohr flüsterte, und nannte ihn selbst nur „Liebster".

Aber mit dem beginnenden Herbst wurde er sich bewusst, dass er nicht mehr leichten Herzens weiterreisen werde, und er beschloss, ihr sein sonderbares Dichterschicksal in den Schoß zu legen, als sie wieder einmal unter den bergenden Zweigen der Weide saßen. Aber ehe er das Wort gefunden hatte, sah er jenseits der Zweige auf dem Uferweg einen blauen Frack, und ein geschweifter Zylinder grüßte verbindlich in seine Richtung. Da überkam es ihn jählings, dass er im Begriff war, sein Geheimnis auf allzu schmale Schultern zu legen. Mit welchem Namen hätte er das Mädchen an sich binden können, dessen Vertrauen ihm die Wochen eines im tiefsten Sinne namenlosen Glückes gewährt hatte?

So blieb das Wort ungesagt, und in der Bitterkeit der Erkenntnis, dass ihm jegliche Bindung verwehrt sei, ging ihm die unbedenkliche Jugend unter. Er wurde zum Mann, der aus dem Verzicht die Reife seiner Dichtung schöpfte. Hatten seine Gedichte früher den Schmelz des bunten Lebens getragen, so klangen sie nun dunkel und volltönend wie Glocken. Und wenn er nun seinen namenlosen Versen auf den Lippen der Menschen begegnete, so tat es ihm weh, als geige die ganze Welt auf seinem Herzen.

So verließ er zum anderen Mal den Rhein und reiste mit schnellen Postwagen dorthin, wo die Freikorps aufgestellt wurden. Denn der Krieg, der geruht hatte, war wieder aufgeflackert, als Napoleon, von Elba kommend, den Fuß auf französischen Boden gesetzt und für hundert Tage die Herrschaft an sich gerissen hatte. Man schrieb das Jahr 1815, und jeder Mann war aufgerufen gegen den Ursurpator. Brennend rot säumten die ersten Mohnblüten des frühen Sommers die Landwege, die der Namenlose eilte, um sich bei einem Regiment zu melden. Für die kurze Spanne seiner Meldung auf der Schreibstube genügte ein rasch hingeworfener Name. Ehe der erstaunte Schreiber dazu kam, sich zu verwundern, dass die Schrift so schnell wieder erlosch, war er schon weit.

Die Männer, die rechts und links neben ihm ritten, richteten kein Wort an den Schweigsamen, und er selbst wollte vergessen, was hinter ihm lag. Tag für Tag ritt er dem Tod entgegen. Aber der wich ihm aus und schien seine Tapferkeit und den vielfachen Einsatz des Lebens sinnlos zu machen, weil eben ein Namenloser nicht einmal des Sterbens bedarf, um nicht mehr unter die Lebenden gezählt zu werden. Den wortkargen Berittenen um ihn aber ging es bald auf, dass weder die schnelle Kugel noch der geschwungene Säbel für ihn bestimmt waren. Eine Legende von seltenem Soldatenglück bildete sich um ihn, das auch seinen Schutz auf die zunächsten Reitenden ausbreitete.

Diese Legende hielt bis zu dem Tag von Ligny. Seit dem Mittag war die Artillerie auf das Dorf gerichtet, das der Feind mit verbissener Zähigkeit hielt. Ligny schien uneinnehmbar. Da erhielt die Kavallerie den Befehl zur Attacke. Im wölkenden Pulverdampf brauste der Angriff nach vorn. Wieder ritt der Namenlose den tödlich singenden Kartätschenkugeln entgegen. Nur schien ihm der Ritt leichter, unbelastet von der Sinnlosigkeit, die sonst seine Begegnungen mit dem Tod zum Hohn gemacht hatte. So verwunderte es ihn nicht, dass eine der singenden Kugeln für ihn bestimmt war, und während er im Sattel taumelte, glaubte er mit dem rinnenden Blut einer Wunde die Last der namenlosen Jahre dahinfließen zu fühlen. Doch ehe er die Augen in dieser Erkenntnis schloss, fing er den tief erschreckten Blick eines anderen auf, der ihn traf wie ein Hilferuf und ein Flehen um Schutz.

Da wurde ihm die Legende seines geheimnisvollen Soldatenglücks zum Glauben an die eigene Kraft und zur Pflicht für die, die mit ihm ritten. Er verachtete den Tod, den er gesucht hatte, riss sich vom Hals des Pferdes hoch und trug im Sturm der Hufe die Gewissheit des Lebens den anderen voran.

Er sah den Abend dieses Tages nicht und manchen anderen und hörte nur zwischen Fieberträumen, dass Napoleon achtundvierzig Stunden nach Ligny sein Waterloo erlebt hatte und der Krieg zu Ende sei. So blieb ihm nur die Pflicht, sich beim Regiment abzumelden. Der Schreiber hob den Kopf von seiner Liste und sah ihn prüfend an: ob er etwa der gesuchte Georg Schmieden sei, der weder bei den Toten noch bei den Lebenden geführt werde. Ein Unbekannter habe den Namen hier zurückgelassen auf einem Blatt, das wie Pergament aussehe und an einer Ecke etwas angesengt scheine.

„Ja", sagte der bisher Namenlose und nahm das Schriftstück in die Hand, dieser Georg Schmieden sei er. Und er begriff langsam, dass der Geheimnisvolle kapituliert hatte angesichts eines Kontrahenten, der weder den Tod noch das Leben scheute.

Kalenderblatt Juli

Bauernregeln

Wie die Hundstage (24. Juli bis 24. August) beginnen,
so ziehen sie wieder von hinnen.

Regnet es an Maria Heimsuchungstag (2. Juli)
so rechnet es noch vier Wochen danach.

Wie die heilige Jungfrau fortgegangen,
so wird Magdalena (22. Juli) dann empfangen.

Werfen die Ameisen am Annatag (26. Juli) höher auf,
so folgt ein strenger Winter drauf.

Ist's zu Jakobi (25. Juli) hell und warm
macht's auch zu Weihnachten den Ofen warm.

Jakobitag (25. Juli) ohne Regen
deutet auf einen strengen Winter.

An Sankt Kilian (8. Juli)
säe Wicken und Rüben aus.

Die größte Kirmes - das größte Schützenfest

Neun Tage lang wird in Düsseldorf Kirmes gefeiert, eine Stadt-
kirmes der Superzahlen. Seit 1901 findet sie in den Rheinwiesen
von Düsseldorf-Oberkassel statt, nachdem sie vorher an wechselnden Plätzen abgehalten wurde. Eine Heerschau von 360
Schaustellerbetrieben baut sich am Rheinufer auf. Vier bis fünf
Millionen Besucher werden alljährlich erwartet. Das Volksfest
hat seinen Höhepunkt am 23. Juli mit dem Namensfest des
Stadtpatrons, des hl. Apollinaris, dessen Gebeine einst mit den
Reliquien der hl. Drei Könige 1164 von Mailand als Geschenk
des Kaisers Barbarossa an den Rhein kamen.

Diese größte Kirmes im Rheinland ist dem Schützenwesen zu
verdanken. Für die Veranstaltung des Volksfestes ist seit altersher der St.-Sebastianus-Schützenverein, eine Gründung des 14.
Jahrhunderts, verantwortlich. 15.000 Schützen, darunter 600 aktive Reiter, haben sich in der Interessensgemeinschaft der insgesamt 42 Düsseldorfer Schützenvereine zusammengeschlossen.

Die farbigen Uniformen bestimmen am Schützensonntag das
Bild der Altstadtstraßen. Gäste kommen von Westfalen, aus den
Niederlanden und aus dem ganzen Rheinland. Schützen sind es,
die den goldenen Schrein des Stadtpatrons St. Apollinaris von
der Lambertuskirche durch die malerischen Straßen der Altstadt
tragen. Ihre Fahnen bilden den Hintergrund, wenn der Oberbürgermeister im Chor der Kirche neben dem Schrein des Heiligen die große Opferkerze der Stadt entzündet. Schützen sind zu
Gast bei dem Empfang, den der Stadtdechant für führende Per-
sönlichkeiten aus Verwaltung, Politik, Kultur und Wirtschaft
gibt. Am Schützensonntag schreitet der Oberbürgermeister mit
Ehrengästen die Front der Schützen ab.

Düsseldorf bietet ein Paradebeispiel für die große Tradition
der rheinischen Schützenbruderschaften. Sie sind seit fast sechs-
hundert Jahren vielerorts Bestandteil städtischen Lebens und
tragen bis heute in mannigfacher Weise zur Pflege des Brauchtums bei.

Fast alle Schützenbruderschaften sind im 15. Jahrhundert entstanden, in einer Zeit besonderer Blüte der rheinischen Städte. Neuss führt schon 1415 eine Schützenbruderschaft auf. Es folgen in unmittelbarer Nachbarschaft Gerresheim 1427, Ratingen 1435, Düsseldorf 1435 und 1467 Kaiserswerth. Im weiteren Verlauf des Jahrhunderts folgen fast alle rheinischen Städte, Bonn erst 1473. Die schnelle Aufeinanderfolge der Gründungsdaten weist auf historische Gründe hin. Die rheinischen Städte waren, wie schon gesagt, reich und in einem kriegerischen Jahrhundert bei ständigen Fehden auf Selbstschutz angewiesen. So kam es zur Gründung bewaffneter Bruderschaften, die ihre Mitbürger schützen konnten. Nach damaliger Sitte stellten sich die Bruderschaften unter den Schutz eines Heiligen, meist des hl. Sebastian, der sein Martyrium durch Pfeilschüsse erlitt.

Als die Schutzfunktion in späteren Zeiten erlosch, blieb die bürgerliche Bedeutung der Bruderschaften bestehen, oft hochgeehrt durch die Landesfürsten und in enger Verbindung zur Kirche. Noch heute werden die Fahnen der Bruderschaften in den Prozessionen getragen und sind bei Kirchenfesten vor dem Altar präsent. Die Schützenbruderschaften sind ein echtes Bindeglied innerhalb der eingesessenen Bevölkerung der rheinischen Städte und haben heute noch ein hohes Ansehen.

Der Schützenkönig, der bei dem alljährlichen Königsschießen ermittelt wird, gehört mit seiner Schützenkönigin zu den Offiziellen der Stadt oder des Stadtteils und tritt mit der Königskette auf, die aus den silbernen Schilden von Generationen seiner Vorgänger zusammengesetzt ist. Auch Fürsten haben Schützenfeste ausgerichtet, so der Kurfürst Clemens August in Bonn, oder haben selbst sogar die Würde des Schützenkönigs angenommen.

Jede Bruderschaft hütet einen Schatz von Schützensilber, das oft bereichert wurde durch Fürsten und Adel, die bei besonderen Anlässen Schilde und Pokale stifteten und im übrigen die Schützen oft mit üppigen Mahlzeiten „regalierten".

Hatten sich die Schützen in der Gründungszeit ihrer Bruderschaften dem Schutz der Bürger verschrieben, so übernahmen sie später Armenspeisungen und die Unterstützung von Witwen und Waisen und pflegen auch heute noch die Verbindung zur Caritas, und hinter dem prunkvollen Auftreten in der Öffentlichkeit, hinter Festen und Feiern steht viel Mitmenschlichkeit.

Kein Fest ohne Fahnenschwenken

„Sie stehen bei jedem Fest im Mittelpunkt", schreibt im Jahr 1815 Gottfried Kinkel und meint damit die „Fänte", die Fahnenschwinger. Schlanke, groß gewachsene junge Männer, die mit ihrer Fahne zur anfeuernden Musik von Trommeln und Pfeifen eine atemberaubende Schau bieten.

Kinkel beschreibt die Kleidung: blaues Barett mit drei Federn, breite weißseidene Schärpe. So treten sie noch heute an. Die „Montur" besteht aus einer weißen Hose, einer kurzen enganliegenden blauen, grünen oder roten Jacke, die mit Tressen geschmückt ist und, wie Kinkel schon sagte, aus Schärpe und Barett. Was er nicht nennt, ist eine geheime Kleiderordnung: weder das Barett noch die Schärpe dürfen irgendwie befestigt sein. Denn es gehört zur Kunst der Fahnenschwinger, dass sich beides trotz der ausladenden schnellen Bewegungen nicht verschiebt.

Ihr Auftritt ist immer ein Höhepunkt bei Schützenfest und Kirmes. Auf das Kommando „Fähnrich vor" tritt der „Fänt" in den weiten Kreis der Zuschauer. Er grüßt mit der Fahne den Schützenkönig, die Ehrengäste und den Pfarrer. Mit dem zweiten Kommando „Tambourcorps anschlagen" beginnt die Vorführung.

„Das Fahnenschwenken ist eine schwere Kunst und bedarf langer und gründlicher Übung", beschreibt Wilhelm Sinzig sen. in der Festschrift „500 Jahre Schützenbruderschaft Düsseldorf-Hamm 1458-1958" diesen alten Brauch. „Man unterscheidet seit jeher zwei Arten des Fahnenschwenkens: mit der großen Fahne, die mit beiden Armen geschwungen wird, und mit der kleinen Fahne, am kurzen Schaft."

Die Erwähnung zweier verschiedener Fahnen bringt uns der Kunst des Schwenkens auf die Spur. Die große Fahne ist aus Samt, Seide oder Brokat hergestellt, meist dicht bestickt und sehr schwer. Sie kann zwar bewegt, z. B. gesenkt werden als Zeichen der Ehrerbietung. Aber das eigentliche Schwenken ist damit nicht möglich. Die kleine Fahne stammt aus den Söldnerheeren des Mittelalters und der beginnenden Neuzeit. Seit dem 15. Jahrhundert wird eine Einheit von Landsknechten als „Fähnlein" bezeichnet. Damit ist die symbolische Bedeutung der Fahne als verbindendes Element, Zeichen der Zusammengehörigkeit erklärt. Mit der Fahne wurden Signale gegeben und das Spiel der Spielleute dirigiert.

Die Landsknechtsfahnen hatten quadratische Form und waren kleiner und aus leichterem Material gefertigt. Aus dem Signalschwenken bildete sich auf die Dauer ein Fahnenspiel, das schließlich zu einem „Fahnenexercitium", einem vorgeschriebenen Ablauf des Schwenkens, führte. Es gab eine deutsche, eine italienische und eine französische „Manier". An barocken Fürstenhöfen gehörte das Fahnenschwenken zur höfischen Reverenz. Später ging es in den bürgerlichen und dörflichen Festbrauch über und hatte kirchliche und weltliche Verwendung. So gehört zur Mülheimer Gottestracht, der vorher geschilderten Kölner Schiffsprozession, auch ein Kahn mit einem Fahnenschwenker. Bei Festgottesdiensten im Freien kann auch wohl beim Vaterunser geschwenkt werden.

Im Rheinland erhielt das Fahnenschwenken noch besonderen Auftrieb durch die Nachbarschaft zu Brabant, Gelderland und Flandern, wo das „Vendelzwaaien", das Fähndelschwenken, zu hoher Kunst vervollkommnet wird. Hier werden auch ganze Fahnenballette von jungen Leuten aufgeführt mit einem unerhörten Reichtum tänzerischer Elemente. Die Balletfahnen sind hier sehr groß und haben am Griffende eine fünf Kilo schwere Kugel. Wenn das Ballett von einer großen Gruppe aufgeführt wird auf einem malerischen Markt oder vor dem Portal einer gotischen Kirche, ist es ein überwältigendes Schauspiel. Ein starkes Rauschen erfüllt die Luft, und das seidene Fahnentuch knattert im Rhythmus der Musik, die oft klassischen Werken entnommen ist.

Vendelzwaaien – Fähndelschwenken. Wir erkennen die enge sprachliche Verwandtschaft und die Verwandtschaft des Brauchtums. Im Rheinland unterscheidet man das traditionelle Schwenken nach einem vorgegebenen Ablauf und das sogenannte freie Schwenken. Im Bonner Raum kommt beides vor. Linksrheinisch ist das freie Schwenken beliebter, während rechtsrheinisch überwiegend die herkömmliche Form geübt wird. Lange war das Fähndelschwenken nur Sache der Männer. Seit den 70er Jahren greifen auch junge Frauen zum Fähndel. Es gibt einen Arbeitskreis „Rheinischer Fahnenbrauch", und es werden Fahnenspiele veranstaltet, die bis zu zwanzig Auftritte vorsehen. Teilweise wird das Excercitium auf einem Bierfass mit 35 cm Durchmesser durchgeführt. Ein Schiedsrichterkollegium beurteilt die Leistungen.

Bei der traditionellen Form des Schwenkens wird die Fahne bald mit der rechten, bald mit der linken Hand über dem Kopf, vor der Brust, um die Hüften, mehrfach um den Leib, um die Ober- und Unterschenkel und die gehobenen Beine geschwungen, wobei das Tuch nie den Boden berühren darf. Dieser überaus exakte Ablauf dauert drei bis fünf Minuten.

Mit diesem festgelegten Ritual wird an das Martyrium des hl. Sebastian erinnert, Patron der Schützen. Der Heilige, ein Hauptmann der römischen Truppen, der Christ geworden war, wurde bekanntlich zur Zeit des Kaisers Diocletian an einen Baum gebunden und durch Pfeilschüsse maurischer Bogenschützen getötet. Das Schwenken der Fahne vollzieht die Fesselung des Heiligen mit Tauen nach, indem die Fahne um den Leib und um die Glieder geschwungen wird. Ein zweiter Ablauf zeigt dann in umgekehrter Folge die Entfesselung von den Füßen bis zum Kopf.

Ist schon diese Vorführung sehr kunstvoll, so gibt es darüber hinaus noch besondere Formen des Fahnenschwenkens. Man kennt den sogenannten „Schnappschlag". Dabei wird die Fahne um den Körper geworfen, ohne ihn zu berühren, und mit der

gleichen Hand wieder aufgefangen. Andere Figuren heißen „die
Sonne", „die große Sonne" oder „die dreifache Sonne" und „der
Engel". Die Fahne wiegt im Flug sechzehn Pfund. Das Schwenken geschieht nach der Musik des rheinischen Fähndelmarsches
oder eines eigenen Walzers. Das perfekte Fähndelschwenken ist
eine Kunst, die hoch bewertet und über Generationen weitergegeben wird. Angehende Fähndelschwenker beginnen schon mit
vierzehn Jahren zu üben. Namen berühmter Fähndelschwenker
finden sich in den Chroniken der Bruderschaften. So weiß man
heute noch von einem Heinrich Schumacher, der beim Schützenfest der St.-Paulus-Bruderschaft in Aldekerk am Niederrhein
so kunstvoll die Fahne schwang, dass der Herzog von Geldern
ihm eine silberne Tabakdose schenkte. So geschehen im Jahre
1408.

Loreley und Lohengrin
Sagen den Rhein entlang

Sage kommt von sagen. Die Sage ist Geschichte, wie sie im Volk lebt. Ihren Ursprung nach ist sie „das Gesagte", das mündlich Überlieferte, das Einzige, das uns erlaubt, in fernste Zeiten zurückzuschauen. „Ik gihorta dit seggen", ich hörte das sagen. So beginnt ein berühmtes altes Epos, das Hildebrand-Lied. Erzählen gehört zum Brauchtum. Ereignisse werden von Mund zu Mund, von Generation zu Generation weitergegeben, verwandeln sich durch das Erzählen, werden bereichert und ausgebaut, verwoben mit Naturereignissen und Zeiterscheinungen, werden beeinflusst von Stimmungen und Hintergründen, ranken sich um Felsen und Burgen, Stadtmauern, Stadttore, alte Häuser. Sagen wandern, knüpfen sich an diesen oder jenen Ort. Sagen heften sich auch an Menschen und ihre Taten, erheben oder verdammen, bewundern oder richten.

Sagen gehen durch Jahrhunderte mündlicher Überlieferung, ehe sie niedergeschrieben werden von Sammlern, von Dichtern, von Historikern. So finden wir sie vor, und so sollen sie hier wiedergegeben werden.

Das Rheinland ist eine Landschaft, in der viele Sagen wuchsen und wurzeln. Der Strom selbst erzeugt sie durch seine wechselnden Landschaftsbilder, in denen Geheimnisse zu nisten scheinen. Sollen nicht seine Wassertiefen den Schatz der Nibelungen bergen? Haben nicht die Kriegszüge zweier Jahrtausende ihre Spuren hinterlassen, Erinnerungen an große Taten und an Greuel, an Liebe und Tod, an List und Überlistung.

Wir folgen nun dem Lauf des Rheines und erzählen Sagen von Bingen, wo der Strom mit Gewalt durch das Gebirge bricht, bis nach Kleve, wo die deutschen Ufer enden und der Rhein in die Weite der Niederlande fließt.

Der Mäuseturm bei Bingen

Wo das Rheintal am engsten ist und die Felsen steil und dunkel abfallen, erhebt sich der Mäuseturm im Fluss. Der Turm war einst eine Zollstätte, wie es deren so viele gab am Rhein, dass sich sogar der geduldige Reisende Albrecht Dürer im Jahr 1520 darüber beklagte. Kein Schiff kam vorbei, ohne Abgaben zu entrichten, und sie wurden hart eingetrieben. Vielleicht hat sich daher die böse Sage um den Zollturm gebildet, der zur Burg Ehrenfels gehörte. Zoll hieß damals bekanntlich auch bei uns Maut. Und vom Mautturm zum Mäuseturm ist es sprachlich nicht weit. Die Sage lautet:

In weit zurückliegender Zeit war Hatto Erzbischof von Mainz. Er hatte es verstanden, Reichtümer über Reichtümer aufzuhäufen und lebte prassend, während das Volk darbte und im Elend umkam. Missernten steigerten die Not aufs Höchste und brachte die Menschen dem Hungertod nahe. Zum Äußersten getrieben, machten sich die Ärmsten der Armen auf zum bischöflichen Palast und baten, die Kornspeicher zu öffnen.

Erzbischof Hatto versprach dem Volk Brot und ließ die Bittsteller in ein leeres Gebäude führen, wo sie es erhalten sollten. Dann ließ er das Gebäude absperren und anzünden und weidete sich an den Todesschreien der Eingeschlossenen: „Hört, wie die Kornmäuse pfeifen."

Doch Hattos Spott verstummte jäh, als durch die Hallen seines Palastes plötzlich gellendes Pfeifen ertönte. Aus allen Ecken und Winkeln huschten Mäuse hervor. Raschelnd und pfeifend eroberten sie die Räume und überfluteten in unübersehbaren Scharen den ganzen Bischofssitz.

Voller Entsetzen glaubte Hatto sich von den Geistern der Elenden verfolgt, die er dem Feuer überliefert und im Tod noch als „Kornmäuse" verspottet hatte. Der Zollturm mitten im Rhein schien ihm die einzige Rettung zu sein. Er ließ sich übersetzen. Aber kaum glaubte Hatto sich dort in Sicherheit, als eine Heerschar von Mäusen das Ufer erreichte, den Strom durchschwamm, den Zollturm erkletterte und durch alle Öffnungen eindrang. Nach drei Tagen wagten sich beherzte Schiffer in den Turm und fanden Hattos Gebeine.

Soweit die Sage, die dem Erzbischof Hatto (891-913) bitter Unrecht tut. Er ist schon 87 Jahre vor der Errichtung des Mäuseturms verstorben. Feinde hatte er sich gemacht durch sein energisches Vorgehen gegen Unsitte und Verschwendungssucht der geistlichen Herren. Vermutlich hat man ihn deshalb geizig gescholten, und auch spätere Ereignisse wie Hungersnot und Mäuseplage, die im Mittelalter nicht selten waren, dürften zur Entstehung der Sage beigetragen haben.

Die Zauberin auf dem Felsen

„Ein Märchen aus uralten Zeiten" erzählt von der Zauberin Loreley. Keiner weiß, wann die Sage entstand, auf dem hohen Felsen bei St. Goarshausen hause ein betörendes Weibswesen, das mit seinem Gesang die Schiffer in den Tod locke und ihre Nachen an Felsen zerschellen ließ. Der Name taucht schon früh auf. Loreley oder Lurley wurde die Zauberin genannt, und damit sind wir der Deutung ihres Zaubers schon näher gekommen. Der Name setzt sich aus den zwei Wörtern „Lure" und „Ley" zusammen. Die Lure war ein frühzeitliches Blasinstrument, ein gewundenes Rohr aus Bronze, das bis zu drei Meter lang sein konnte. Sein Ton war wie Windesrauschen und entsprach der naturmagischen Vorstellung der Germanen. Der „Ley" aber ist der Felsen, genauer gesagt der Schieferfelsen, wie er sich an mehreren Stellen des Rheintales senkrecht über den Fluss erhebt. In seinen spitzen Zacken singt der Wind seit eh und je sein dämonisches Lied, das nächtens klingt wie die Stimme einer Frau. So entstand die Sage von der Loreley, die auf dem Felsen sitzend ihr goldenes Haar kämmt und die Schiffer betört.

In einer anderen Fassung der Sage findet sie selbst den Tod. „In Bacharach", so berichtet diese Sage, „lebte ein Mädchen, das

Loreley hieß. Sie war sehr schön, und ein junger Ritter, der auf einer nahen Burg bei St. Goar lebte, warb um sie. Ehe er sie zum Altar führen konnte, erreichte ihn der Ruf seines Lehnsherrn, und er musste in den Krieg ziehen. Loreley blieb ungeschützt zurück und sah sich der Bewerbung vieler Männer, darunter auch geistlicher Herren, ausgesetzt. Sie wies alle ab, und das hatte zur Folge, dass die Freier sie beim Bischof von Köln verklagten, als der einmal in Rhens Hof hielt. Die Jungfrau Loreley sei eine Zauberin, die die Männer verhexe. Er solle sie zum Tode verurteilen.

Der Bischof war ein weiser Mann, der die Welt und die Menschen kannte. Er fällt einen klugen Spruch: sie solle für die Welt sterben und hinter Klostermauern jenseits des Rheines weiter leben.

Der Bischof gab der schönen Loreley ein sicheres Geleit von Rittern, die durch ihr Alter gegen ihre Reize gefeit waren. Als sie bis St. Goarshausen gekommen waren, bat die Jungfrau ihre Geleitsherren, sie noch einmal auf den Felsen steigen zu lassen, um von dort aus die Burg ihres Geliebten zu sehen, den sie im Krieg und im fernen Land umgekommen glaubte. Auf der Höhe stehend, gewahrte sie ein Schiff, das sein Wappen trug und ihn selbst aufrecht am Bug stehend. Da breitete sie die Arme nach ihm aus, und nicht bedenkend, dass sie am Rand des Felsens stand, tat sie einen Schritt und stürzte in die Tiefe.

Die sieben Jungfrauen

Bei der kleinen Stadt Oberwesel liegen die Trümmer einer zerfallenen Burg, die einst Sitz einer weithin bekannten Familie gleichen Namens war. Hier lebte ein alter Ritter mit sieben Töchtern, die durch ihre Schönheit im ganzen Land bekannt waren. Als der Vater starb, erbten die Töchter große Besitzungen, und es fanden sich entsprechend viele Bewerber ein, die Liebe, Eheglück und Vermögen zu finden hofften. Sie wurden zwar alle von den Jungfrauen freundlich aufgenommen und bewirtet. Aber wenn sie ihre Anträge vorbrachten, gab es nur Hohn und Spott zur Antwort.

Ein paar Jahre lang trieben die schönen Burgherrinnen dieses gefühllose Spiel. Schließlich wurden sie von den Bewerbern dringend aufgefordert, ihre Wahl zu treffen und je einem Ritter ihre Hand zuzusagen.

So bedrängt, sagten die Jungfrauen zu, am kommenden Tag ihre Entscheidung bekanntzugeben. Aber am nächsten Morgen meldete eine Dienerin den Bewerbern, die Burgherrinnen befänden sich unten am Rhein und erwarteten die Ritter dort. Die Bewerber eilten zum Ufer und sahen die sieben Jungfrauen auf einem Schiff, das schon abgelegt hatte.

Von Bord des Schiffes rief die Älteste den Rittern höhnisch zu: „Es ist keiner von uns jemals in den Sinn gekommen, einen von euch zu lieben oder zum Ehemann zu nehmen. Wir fahren zu unseren Verwandten ins Niederland, und gedenken mit den dortigen Rittern das gleiche Spiel fortzusetzen."

Während das Schiff anfuhr, erhob sich ein jäher Sturm und riss das Hohngelächter der Jungfrauen in schrille Fetzen. Und die Ritter am Ufer sahen mit Entsetzen, wie das Schiff auf eine Klippe zutrieb, zerschellte und die Jungfrauen mit in die Tiefe nahm.

An der Stelle, wo dies geschehen ist, erhoben sich bald sieben spitze Felsen aus dem Rhein, allen allzu kecken Jungfrauen zur Warnung und zum Schrecken der Schiffer.

Kloster Marienburg

Konrad von Boppard war zur Zeit der Kreuzzüge ein angesehener Ritter. Er liebte ein benachbartes Burgfäulein, und die schöne Maria verlobte sich mit ihm. Aber der Verlobung folgte nicht nach üblicher Zeit die Hochzeit. Vielmehr gab der Ritter Konrad sich dem Vergnügen der Jagd so völlig hin, dass er darüber seine Braut vernachlässigte und sich mehr und mehr entfernt lebenden Freunden ledigen Standes zuwandte, die alle leidenschaftliche Jäger waren.

Im Lauf der Zeit führte der Umgang mit diesen leichtlebigen Freunden bei dem Ritter Konrad zu einem Widerwillen gegen den Ehestand. Schließlich sandte er an seine Braut eine Erklärung, dass er nicht mehr gewillt sei, seinen Nacken unter das Ehejoch zu beugen.

Wenig später sah er in einem Wald einen Ritter gegen sich ansprengen. Überrascht stellte Konrad die Frage: „Wer bist du, und was ist dein Begehr?"

Der Unbekannte antwortete: „Sieh meinen Schild. Mein Wappen wird dir Antwort sein. Ich bin Marias Bruder, aus dem Morgenlande zurückgekehrt, und ich werde dich wegen deiner schändlichen Untreue zur Rechenschaft ziehen."

Konrad konnte sich leicht der Angriffe des seltsam schwachen Gegners erwehren, der schnell schwer verletzt zu Boden sank.

Er nahm ihm den Helm ab und erkannte zu seinem Entsetzen Maria. In den letzten Zügen liegend, flüsterte sie: „Von deiner Hand wollte ich sterben. Ohne dich war mir das Leben eine Last."

Von tiefer Reue erfüllt, ließ der Ritter Konrad über ihrem Grab das Kloster Marienburg errichten. Dann schloss er sich dem Heer der Kreuzfahrer an, um den Tod zu suchen, der ihn mit Maria vereinen sollte. Beim Sturm auf Ptolomäus empfing er den tödlichen Stoß eines feindlichen Speeres.

Die feindlichen Brüder

Eine Sage verbindet die Burgen Sterenberg und Liebenstein, die über dem Wallfahrtsort Bornhofen aufragen. Die Burg Sterenberg ist die älteste von beiden, und hier lebte ein Ritter mit seinen beiden Söhnen und einer Jungfrau, die ihm zu Schutz und Fürsorge anvertraut war.

Es kam wie es kommen musste: beide Söhne verliebten sich in das Mädchen, und der alte Ritter ahnte Unheil. Um die Söhne zu trennen, ließ er auf der benachbarten Anhöhe eine zweite

Burg bauen.

Dennoch kam es zu nächtlicher Stunde zu einem erbitterten Zweikampf zwischen den Brüdern, den Heinrich Heine in einer Ballade schildert:

> *Weh, wehe blutige Brüder.*
> *Weh, wehe blut'ger Tat.*
> *Die Kämpfer stürzen nieder,*
> *einer in des andren Stahl.*

Die Jungfrau nahmen die beiden jungen Ritter mit in den Tod. Sie hatte sich zwischen die klirrenden Schwerter geworfen. Und der alte Graf starb – wie könnte es anders sein – an gebrochenem Herzen, „getroffen bis in sein edelstes Mark", sagt wiederum Heinrich Heine.

Burg Reichenstein bei Trechtlinghausen

Es war in der „kaiserlosen, der schrecklichen Zeit" von 1254 bis 1273. Im deutschen Reich herrschten Willkür und Gewalt, und auch am Rhein waren manche Ritter zu adligen Wegelagerern herabgekommen, die vor allem Kaufleute überfielen, Geld und Gut zusammenrafften, folterten und mordeten und in ihren Verliesen Gefangene grausam zu Tode kommen ließen.

Die Burg Reichenstein war in diesen Jahrzehnten ein berüchtigtes Raubritternest, das Angst und Schrecken verbreitete. Der deutsche König Rudolf von Habsburg griff schließlich mit harter Hand durch und machte dem bösen Treiben ein Ende. So belagerte und eroberte er auch 1282 die Burg Reichenstein und hielt über die Besatzung Gericht.

An seinen Richtspruch knüpft sich eine Sage:

Als über den Burgherrn Dietrich von Hohenfels und seine Söhne das Todesurteil ergangen war, erbarmte sich König Rudolf der Söhne und überließ ihr Schicksal „der göttlichen Gnade". Er

111

versprach dem Raubritter von Hohenfels, seinen Söhnen das Leben zu schenken, wenn es ihm gelänge, nach der Hinrichtung ohne Kopf an ihnen vorbeizulaufen.

Der Henker tat sein Werk, und der Kopf des Ritters rollte in den Sand. Der blutige Rumpf aber soll sich aufgerichtet haben und an der Reihe der Söhne vorbeigejagt sein.

Der König hielt sein Versprechen und schenkte ihnen das Leben.

Die Geschichtsschreibung gibt eine zwar grausame, aber nicht ganz so blutige Variante des Verlaufs. Dem Ritter Dietrich gelang die Flucht. Aber König Rudolf nahm die Burg ein und ließ die Besatzung aufknüpfen. Die Feste durfte nach damaligem Recht nicht wieder aufgebaut werden. Doch spätere Generationen hielten sich nicht daran.

Die Sage vom Drachenfels

Wild und gezackt soll er in Vorzeiten inmitten der milderen Bergkuppen des Siebengebirges zum Rhein hinunter gestarrt haben, der Drachenfels. Und in seinen Höhlen soll ein Drache gehaust haben. Später hat man hier Steine für Kirchen und Klöster gebrochen, bis er fast ausgehöhlt war und in letzter Minute durch ein kategorisches Verbot weiteren Steinbruchs gerettet werden musste. Heute wächst Wein an seinen Hängen, der natürlich „Drachenblut" heißt, ein milder und bekömmlicher Roter, der nur sehr von fern an die Sage von dem Drachen erinnert, der sich an den Flanken des Felsens in seinem Blut gewälzt haben soll.

Wie so oft verbinden sich auch hier Sage und Geschichte. Zu einer Zeit, als das linke Rheinufer schon christianisiert war und die Bevölkerung schon im Zeichen des Kreuzes lebte, war das rechte Rheinufer noch im Besitz heidnischer Stämme. Sie bevölkerten die Sieben Berge und das Land rundum. In ihrer Mitte hauste auf einem Fels ein Drachen, dem sie in Angst und Furcht Verehrung zollten, und dem sie auch Menschenopfer brachten.

Nun waren diese heidnischen Stämme zu einem Kriegszug über den Rhein gesetzt, und sie hatten unter anderer Beute auch eine Jungfrau mitgeschleppt. Zwei ihrer Anführer, der mächtige Horsrik und der waffenerfahrene Rinbold stritten sich um die schöne Beute, indes das Mädchen stumm seines Schicksals harrte. Der Streit der Anführer spaltete die Gefolgschaft, drang tief in die Stämme und säte Zwietracht.

Da sprachen die weisen Ältesten ein Machtwort: keinem gehöre die Jungfrau. Sie sei von den Göttern auserkoren, als nächstes Opfer dem Drachen vorgeworfen zu werden. Dem Gebot der Götter mussten sich Horsrik und Rinbold wohl oder übel fügen, und so wurde die Jungfrau in aller Morgenfrühe auf den Felsen geführt und dort angekettet. Sie klagte nicht und blickte nur hinüber zum nächsten Berggipfel, wo die Sonne ihr zum letzten Mal aufgehen sollte, während vor ihr die Höhle des Drachens dunkel gähnte. Rundum auf dem Berg aber standen die Männer des Stammes, um das Opfer zu sehen.

Als der erste Morgenschein das blonde Haar der Jungfrau traf, fauchte der Drache aus der Tiefe seiner Höhle auf und wollte sich auf sein Opfer stürzen. Die Christin aber zog aus ihrem Oberkleid ein Kreuz, das sie an feiner Kette trug und hielt es dem Untier entgegen. Da bäumte sich der Drache noch einmal auf und stürzte blutend über die Felsen hinab in den Rhein. Soweit erzählen die Gebrüder Grimm die Sage vom Drachenfels. Aber der Poet Alfred Reumont geht weiter und berichtet, Rinbold habe die Jungfrau von ihren Ketten befreit und auf starkem Arm davongetragen. Der ganze heidnische Stamm sei ob des Wunders christlich geworden, und habe auf dem Gipfel des Drachenfels dem jungen Paar eine Burg gebaut.

Auch in der nächsten Erzählung soll von einer Burg auf dem Drachenfels die Rede sein. Aber damit geraten wir schon in historische Zeiten.

113

Roland und Hildegunde

Der Blick durch den Rolandsbogen umfasst den Drachenfels und die Insel Nonnenwerth tief unten im Rhein und spinnt damit zugleich die Fäden der schönsten Liebesgeschichte rheinauf rheinab.

Lebte da auf der Burg Drachenfels ein Fräulein Hildegund. Und da sie jung und schön war, konnte es nicht fehlen, dass der Ritter Roland, der auf der jenseitigen Burg lebte, sich in sie verliebte. In jenen alten Tagen genügte bekanntlich schon ein Pfeil mit einem Ringlein daran, um die Liebe über ein Flusstal zu tragen. Ein glückliches Paar in einer paradiesischen Landschaft.

Roland aber war ein Neffe und Paladin Karls des Großen, und so musste er dem Kaiser folgen, als Karl zum Krieg gegen die Mauren im fernen Spanien rief.

Das Fräulein Hildegund legte den Brautschleier schweren Herzens in die Truhe und ließ den Ritter mit Kuss und Segenswunsch ziehen.

Die Kämpfe in Spanien waren hart und schwer und zogen sich bis in die Pyrenäen hin zu dem Pass von Roncevalles. Am Zugang des Tales kam es zu einer erbitterten Schlacht. Im Ansturm der Mauren ließ Roland das Horn Olifant ertönen, ein elfenbeinernes Hilfthorn von weittragendem Klang. Er rief damit die Seinen zum letzten siegreichen Kampf. Er selbst fiel.

Als die Botschaft von seinem Tod an den Rhein kam, weinte Hildegund bittere Tränen in ihren Brautschleier und bat ihren Vater, sie zum Kloster auf der Insel Nonnenwerth zu geleiten, wo sie den Schleier der Bräute Christi nahm.

Der Ritter Roland war indes nicht im Tal von Roncevalles zu Tode gekommen sondern schwer verwundet in die Gefangenschaft des Maurenkönigs Marsilia geraten. Obwohl es sanftäugige Araberinnen waren, die ihn gesund gepflegt hatten und auch der Maurenkönig ihm hohe Ehre erwies, hielt ihn nichts im fernen Land, und Roland kehrte zurück an den Rhein.

Hier traf ihn die Nachricht, Hildegunde sei, trauernd um ihn, in das Kloster eingetreten, das auf der Insel Nonnenwerth im Rhein zwischen seiner Burg und dem Drachenfels liegt. Da schloss auch der Ritter Roland mit dem Leben ab, obgleich er der ruhmreichste unter den Paladinen Karls des Großen war, von dessen Taten Heldenlieder zeugen. Er soll die kommenden Jahre zugebracht haben an jenem Fensterbogen sitzend, der ihm den Blick auf die grüne Insel im Rhein gewährte, wo seine Liebste als Klosterfrau lebte. Er soll von diesem Fensterbogen aus auch noch gesehen haben, wie man Hildegunde zu Grabe trug auf dem kleinen Friedhof der Klosterinsel, während das Totenglöcklein läutete.

Roland aber blieb Jahr um Jahr an dem Fensterbogen mit dem Blick auf den Rhein und auf Hildegundes Grab. Sein alter Diener soll seinen Herrn dort endlich tot aufgefunden haben. Die Burg zerfiel, der Fensterbogen blieb, bis ihn ein Wintersturm des Jahres 1842 zerfallen ließ. Aber ein Poet, Ferdinand Freiligrath, fühlte sich als nachgeborener Knappe des Ritters Roland und baute den Bogen mit erbetteltem Geld wieder auf. „Es gilt dem Ritter, und es gilt der Nonne", schrieb er und rührte damit das Herz vieler Menschen.

Der Mönch von Heisterbach

Das Kloster Heisterbach liegt am Aufgang des Siebengebirges, umstanden von einem wahren Dom hoher Buchen, die man hierzulande auch Heistern nennt. Hier geschah vor langer Zeit eine Begebenheit, die auch heute noch des Nachdenkens wert ist.

War da ein junger Mönch über dem Studium der heiligen Schriften an eine Stelle gekommen, die den Satz des Apostels Petrus enthielt: „Tausend Jahre sind dem Herrn ein Tag". Er bedachte den Satz und die Tiefe der Zeiten, die sich darin offenbarte und geriet ins Grübeln und ins Zweifeln an der Allmacht, welche die Unendlichkeit in den Händen hält.

In tiefen Gedanken tat der Mönch den Schritt über die

Schwelle des Klosters und ging in den Wald, der die Abtei dicht umgab. Vor ihm flog ein bunter Vogel auf, der ihn mit lieblichem Gesang tiefer und tiefer in den Wald lockte. Indes ihn die Zweifel um Zeit und Ewigkeit nicht losließen, geriet er über dem Denken in Schlaf, aus dem ihn erst der Klang der Vesperglocke weckte.

Eilends machte er sich auf den Weg zur Klosterpforte. Aber ein fremder Pförtner öffnete ihm und sah dem Vorübereilenden erstaunt nach. Der erreicht inzwischen den erleuchteten Chor, sieht seinen Platz besetzt und blickt in unbekannte Gesichter. Mönche umstehen ihn, die das gleiche Gewand der Zisterzienser tragen wie er selbst. Aber er kennt keinen.

Gefragt, woher er komme, wer er sei, stammelt er seinen Namen. Seit dreihundert Jahren trug ihn keiner mehr. Und auch der Name des Abtes, den er nennt, steht nur noch in den Registern.

Da sei, so berichtet die Sage, das blonde Haar des Mönchs auf einmal weiß geworden, und er sei sterbend zusammengebrochen über der Erkenntnis des Spruches, dem er nachgegrübelt hatte: Tausend Jahre sind dem Herrn ein Tag.

Wie der Dombaumeister mit dem Teufel wettete

Als der Bau des Kölner Domes soweit fortgeschritten war, dass seine großen Umrisse sichtbar wurden, erschien hoch oben auf dem Gerüst der Teufel dem Dombaumeister Gerhart und weissagte höhnisch, der Dom werde nie fertig werden. Eher könne er selbst, der Teufel, einen unterirdischen Kanal von Trier nach Köln bauen und dessen Wasser über den Baugrund des Domes fließen lassen.

Den Baumeister reizte die Wette, und er setzte seine Seele ein. Er tat es leichthin, denn ihm war ein Geheimnis des Kanalbaues bekannt, das selbst der Teufel nicht wissen konnte. In unregelmäßigen Abständen mussten Löcher in die Leitung eingefügt werden.

Der Teufel musste sich in der Tat bald eingestehen, dass seine

Künste nicht reichten, um das Wasser zum Fließen zu bringen. Aber wohl wissend, dass mancher Mann zu gegebener Stunde seiner Frau mehr anvertraut, als ihm selbst gut und nützlich ist, steckte er sich hinter die Eheliebste des Dombaumeisters. Er gewann als Arzt ihr Vertrauen. Und so erfuhr er bald, dass sie von der Wette wusste und von der Kenntnis, die der Dombaumeister dem Teufel voraushatte. Wo seine Höllenkünste nicht ausgereicht hatten, waren dem Teufel wieder einmal die Torheit der Männer und die Schwatzhaftigkeit der Frauen zu Hilfe gekommen.

Und so kam es, wie es kommen musste: Wenig später sah Meister Gerhart von der Höhe des Gerüstes herab unten vor dem Dombau Wasser aus dem Boden sprudeln. Schnell bildete sich ein kleiner Teich, der von einem Kanal gespeist war, und Enten schwammen darauf.

Da wusste der Baumeister, dass er seine Seele an den Teufel verloren hatte und stürzte sich in die Tiefe. Hinter ihm her sprang der Teufel in Gestalt eines kleinen Hundes.

Die Kölner Sage hat einen historischen Hintergrund. Nicht der Teufel sondern die Römer haben schon einen Kanal aus der Eifel bis in ihre Lager am Rhein gebaut, um gutes Wasser heranzuführen. Das kunstvolle Bauwerk ist längst zerfallen, aber da und dort sind seine Reste noch zu sehen, und weil die Menschen nicht wussten, wer solche mächtigen Quadern aufgetürmt hatte, nannten sie sie Teufelsmauern.

Frau Richmondis von Anducht

Um die Mitte des 14. Jahrhunderts lebte in Köln am Neumarkt ein Herr von Anducht mit seiner Frau Richmondis. Als in Köln im Jahre 1375 die Pest wütete, wurden viele Einwohner hinweggerafft. Auch Frau Richmondis erkrankte und starb. Während die Pestleichen meist aufgesammelt und mit Karren zu den Friedhöfen gebracht wurden, um in schnell geschaufelten Massengräbern bestattet zu werden, kam der Frau von Anducht eine

Stätte in der Gruft der Familie auf dem Friedhof der nahe gelegenen Kirche St. Aposteln zu. Und während die meisten Toten kaum ein Totenhemd bekamen, gab der Herr von Anducht seiner Frau ihr kostbares Geschmeide mit ins Grab und steckte ihr noch zuletzt einen wertvollen Ring an die erkaltete Hand. Den Totengräbern war der Reichtum der Familie von Anducht bekannt, und sie dürften wohl vermutet haben, dass der toten Ehefrau des angesehenen Patriziers Schmuck mitgegeben war. Um Mitternacht öffneten sie die Gruft und stahlen das Geschmeide. Als sie der Toten auch den Ring vom Finger ziehen wollten, schlug Frau Richmondis die Augen auf. Während sie sich aufrichtete, flohen die Grabfrevler überstürzt in panischer Angst, der Geist der Toten wolle sie für ihre Tat strafen.

Aber Richmondis war nur scheintot gewesen und entstieg mit großer Mühe der geöffneten Gruft. Sie wankte durch die nächtlichen Straßen zu dem Haus ihres Gatten am Neumarkt und klopfte an das Tor. Ein Diener öffnete, wich zurück vor der leichenblassen Frau, die sich da am steinernen Türrahmen hielt, und stürzte zu seinem Herrn mit der Nachricht, seine Frau stünde vor der Tür.

Der schlug ein Kreuz und rief: „Meine Hausfrau kann ebenso wenig aus dem Grab erstanden sein und vor meiner Tür stehen wie meine Pferde aus dem Stall brechen, auf den Söller steigen und aus dem Fenster sehen."

Noch während der Herr von Anducht sprach, hörte er das Poltern der Pferdehufe auf der Treppe und das Wiehern der Rösser. Und vor ihm stand seine Frau, die die Totenbinden von sich getan hatte.

Sie soll nach sorgfältiger Pflege ganz gesundet sein und noch lange mit ihrem Gatten in dem Haus am Neumarkt gewohnt haben. Das Haus aber, das ursprünglich „zum Papageien" hieß, wurde nun mit zwei Pferdeköpfen am Söller geschmückt. Eine Straße, die vom Neumarkt ausgeht, heißt bis heute Richmondstraße.

Der Tänzer mit der Maske

Im alten Schloß zu Düsseldorf, der Residenz der Herzöge von Kleve, Jülich und Berlin soll sich vor langer Zeit folgendes zugetragen haben:

Der Herzog gab einen großen Maskenball. Das Schloss erstrahlte im Glanz vieler Lichter, und von den Emporen fiedelten die Spielleute. Der Tanz begann. Vor der Herzogin verbeugte sich ein schlanker Kavalier, dessen schwarze Samtmaske sein Gesicht verbarg. Sie reichte ihm die Hand und nicht nur zu diesem Tanz. Immer wieder durfte der Unbekannte die Herzogin in den Reigen der Edelleute führen, die sie als das schönste Paar bewunderten.

Zu später Stunde bat der Tänzer, sich zurückziehen zu dürfen. Aber die Herzogin entließ ihn nicht und verlangte, er solle die Maske lüften, er sei ihr nach so vielen Tänzen, die sie ihm gewährt habe, zum mindesten Gesicht und Namen schuldig.

Der Tänzer wiederholte vergebens seine Bitte, ihn für diesen Abend zu entlassen. Als sie es abermals weigerte, warnte er, der Anblick seines Gesichtes werde nicht nur ihr sondern allen im Saal Schrecken und Grauen bringen. Da riss die Herzogin ihm in törichtem Übermut die Maske vom Gesicht und barg zugleich das Antlitz in den Händen, während rings im Saal es wie ein Schrei von aller Mund ertönte: „Der Henker von Bergen."

Der Herzog aber war ebenso klug wie gelassen. Er rief den Henker vor sich, ließ ihn niederknien und zog sein Schwert. Er blickte in das kühne Gesicht eines Mannes, dem der Tanz mit der Herzogin auch das Leben wert gewesen wäre. Und während alles im Saal den Atem anhielt, senkte der Herzog die Klinge auf die Schulter des Knieenden: „Mit diesem Schwertschlag mache ich dich zum Ritter, und weil du ein Schelm bist, so nenne dich künftig Schelm von Bergen."

So war die Herzogin bewahrt vor der Schande, mit dem Henker getanzt zu haben.

Heinrich Heine war das Geschehen eine Ballade wert:

So ward der Henker ein Edelmann
und Ahnherr der Schelme von Bergen.
Ein stolzes Geschlecht. Es blühte am Rhein.
Jetzt schläft es in steinernen Särgen.

Die gleiche Sage wird auch von Frankfurt erzählt. Dort soll der Henker von Bergen am Tag der Königskrönung mit der Königin getanzt und vom König selbst den Ritterschlag empfangen haben.

Die Siegfried-Stadt Xanten

Die berühmteste unter den deutschen Sagen, das Nibelungenlied, beginnt am Niederrhein, im Niederland, wie es damals hieß, und in der Stadt Xanten. Dort wurde Siegfried auf der „reichen Feste" seines Vaters, des Königs Siegmund, geboren. Die Mutter hieß Sieglind. Er wuchs dort auf, ein junger Held, von strahlender Schönheit. Ausgestattet mit ungewöhnlichen Kräften, gelang es ihm, das Zwergengeschlecht der Nibelungen zu besiegen und den Drachen zu töten, der den Nibelungenhort, einen unermesslichen Schatz, hütete. Er badete in dem Blut des Drachen und wurde dadurch unverwundbar. Nur eine kleine Stelle zwischen den Schultern blieb ungeschützt, weil ein Lindenblatt darauf gefallen war. Zugleich mit dem Nibelungenschatz gewann Siegfried die Tarnkappe, die ihren Träger unsichtbar machte und zudem mit der Stärke von zwölf Männern ausrüstete.

Von Xanten zieht Siegfried mit glänzendem Gefolge und großem Prunk rheinauf nach Worms. Von nun ab wird der Rhein die Nibelungenstraße. In Worms halten die Burgunderkönige Gunther, Gernot und Gieselher Hof. Siegfried wirbt um deren Schwester Kriemhild. Der Held aus dem Niederland wird am burgundischen Hof mit hohen Ehren aufgenommen, und König Gunther verspricht Siegfried Kriemhilds Hand, wenn er ihm beistehe bei seiner Werbung um Brunhild, einer Königin, die jenseits der See ihr Reich im Lande Isenstein regierte. Schön und mit übermenschlicher Kraft ausgestattet, läßt sie wohl Freier an ihrem Hof zu, doch muss sich jeder mit ihr im Speerwerfen messen, und wer ihr unterliegt, verfällt dem Tode.

Siegfried besiegt, unsichtbar durch seine Tarnkappe, für und mit Gunther Brunhilde und nimmt ihr Ring und Gürtel, die ihr magische Kräfte verliehen hatten. In Worms wird Doppelhochzeit gefeiert, und Siegfried fährt mit Kriemhild in sein Land am Niederrhein zurück.

Er schenkt ihr Brunhilds Ring und Gürtel und verrät Kriemhild das Geheimnis von Gunthers Werbung.

Zehn Jahre lebt das Paar in der königlichen Burg in Xanten. Dann rüsten sie erneut zur Reise rheinaufwärts. Gunther hat sie nach Worms geladen. Vor dem Dom geraten Kriemhild und Brunhild in Streit über den Vortritt, der der Höherrangigen gebührt. Im Zorn verrät Kriemhild das Geheimnis von Gunthers Werbung und zeigt Ring und Gürtel, die ihr Siegfried schenkte.

Brunhild gewinnt den Recken Hagen von Tronje für ihren Plan, Siegfried zu töten. Er fällt, getroffen von Hagens Speer an jener einzigen Stelle zwischen den Schultern, an der er verwundbar ist. Seine Leiche wird auf Kriemhilds Schwelle gelegt. Aus ihrer Trauer wächst das Verlangen nach Rache.

Noch einmal hören wir vom Schatz der Nibelungen: Hagen versenkt ihn in den Rhein, damit sich Kriemhild nicht mit dem unermesslichen Gold Helfer schaffen könne. Die Stelle, wo er den Schatz dem Wasser anvertraute, wird im Nibelungenlied „das Loch" genannt. Ob es das Binger Loch war?

Das alles geschah in der Zeit der Völkerwanderung, und das Nibelungenlied ist erst im 13. Jahrhundert niedergeschrieben worden. Aber die Kunde von dem Schatz der Nibelungen wurde von Generation zu Generation weitergetragen, und bis in die jüngste Zeit glauben Schatzsucher an die Möglichkeit, den Hort zu finden.

Noch einmal taucht der Rhein in der Nibelungensage auf. Jahre sind seit Siegfrieds Tod vergangen. Kriemhild hat sich entschlossen, den Hunnenkönig Etzel zu ehelichen. Sie lädt ihre Brüder Gunther, Gernot und Gieselher zur Aussöhnung nach Ungarn. Das Nibelungenlied überliefert, die Könige hätten mit großem Gefolge von Worms aus den Rhein überschritten und auf dem rechten Ufer noch eine Nacht gezeltet, ehe sie den Weg den Main und die Donau entlang nach Ungarn nahmen. Dort fanden sie bei einem Fest, das ihnen trügerisch bereitet wurde, den Untergang. Hagen von Tronje fällt als Letzter, bis in den Tod sich weigernd, den Ort zu verraten, wo er den Schatz der Nibelungen in den Rhein versenkte.

Der Schwanenritter

Die letzte Burg, die letzte Stadt, ehe der Rhein die deutschen Ufer hinter sich lässt. Wir befinden uns in Kleve und hören hier auch die (geografisch) letzte der rheinischen Sagen.

Einst trug der Rhein, der hier so breit ist wie nirgends zuvor, seine Fluten unterhalb der Burg vorüber. Aber dann nahm er einen anderen Lauf und hält sich heute sechs Kilometer fern der Stadt und der Burg, die auf ihrem breiten Turm indes noch immer den Schwan trägt. Zu ihren Füßen dümpelt ein Altwasser.

Auf der Burg lebte vor vielen hundert Jahren die junge Herzogin Elsa von Brabant. Sie war früh verwaist und hatte auch noch einen jüngeren Bruder verloren, der an einer schweren Krankheit binnen weniger Tage gestorben war. Nun hatten viele Ritter ein Auge auf die adlige Dame geworfen. Allen voran Friedrich von Telramund, den es vermutlich dauerte, dass er sich Elsa nicht als Freier nähern konnte. Aber er war verheiratet mit „einer dunklen Schönheit" namens Ortrud. Mit ihr gemeinsam fand er einen Ausweg. Er klagte Elsa vor dem König an, ihren Bruder umgebracht zu haben.

Elsa hatte der Anklage kein Zeugnis entgegenzustellen, und so musste nach der Sitte der Zeit ein Ritter gegen Telramund für sie im Zweikampf antreten. Da keiner der brabantischen Herren es wagte, setzte der König eine Frist. Innerhalb von drei Tagen sollte Elsa ihre Unschuld beweisen oder einen Ritter stellen, der für sie eintrat.

Zwei Tage vergingen der jungen Herzogin unter Weinen und Gebet. In der letzten Nacht sah sie im Traum einen Ritter, der von den Wellen des Rheines in einem Nachen herangetragen wurde. Da wartete sie getrost auf den letzten Tag; und als gegen Abend Adel und Volk den Platz des Richtspruchs am Rheinufer säumten, und der Herold schon dreimal zu ihrer Verteidigung aufgerufen hatte, blickte sie noch hoffend und glaubend zum Rhein hin.

Mit dem letzten Abendschein erschien in einem silbernen Kahn, von einem Schwan gezogen, ein Ritter in glänzender Rüstung, weiße Schwingen am Helm.

Er sprang ans Ufer, beugte das Knie vor Elsa und sah dem Gegner entgegen. Der Kampf war hart und kurz. Mit aufblitzendem Schwert schlug der junge Ritter dem Telramund die Klinge aus der Hand, warf ihn zu Boden, setzte ihm die Schwertspitze an die Kehle und zwang ihn zum Eingeständnis seiner Lüge.

Telramund wurde des Landes verwiesen. Der junge Ritter aber blieb als Elsas Ehegemahl auf der Schwanenburg. Nur seinen Namen wusste sie nicht; auch vor dem Altar hatte er ihn verschwiegen und sie bei allem was ihr lieb und heilig war gebeten, ihn nie danach zu fragen.

Elsa hielt ihr Wort über viele Jahre. Aber als sie ihm drei Söhne geboren hatte, wurde ihr das Schweigen schwer bei dem Gedanken, dass sie einst den Kindern nicht den Namen des Vaters mit auf den Weg geben könnte.

Was Elsas Herz bedrückte, ging in einem anderen Gehirn als böse Saat auf. Ortrud, Telramunds zurückgebliebenes Eheweib, machte sich an die Knaben heran. In immer neuen Verkleidungen, als Nonne, als Marktweib, als Handelsfrau schlich sie sich mit Spielwerk in ihr Vertrauen und fragte nach den Namen des Vaters. Und als sie ihn ihr nicht nennen konnten, tropfte sie Misstrauen und Ängste in das Herz der Kinder: der Vater sei ein Hergelaufener, dessen Namen zu verschweigen Elsa allen Grund habe.

Als sich die Knaben der Mutter weinend anvertrauten, brach sie ihr Schweigen und bat den Gemahl, ihr Namen und Herkunft zu sagen um der Kinder willen.

Und so erfuhr Elsa von Brabant, dass ihre Tränen, die Tränen einer Unschuldigen, ihn herbeigerufen hatten: Lohengrin, den Sohn des Parzival aus der Runde der Ritter, die auf dem Berg Monsalvat den heiligen Gral hüteten, jene Schale aus Gold und Kristall, in der Engel das Blut Christi bei der Kreuzigung auffingen. Zwölf Ritter umgaben den Gral, bereit, Schuldlosen beizustehen, wo immer sie beteten. Nur ihr Namen blieb verschwiegen. Wer einen Gralsritter erkannte, verlor ihn in der gleichen Stunde. So auch Elsa. Schon erschien auf dem Rhein der Schwan mit dem silbernen Nachen und nahm Lohengrin auf, wie er ihn einst gebracht hatte: aufrecht, auf sein Schwert gestützt, den Helm mit den weißen Schwingen im Abendlicht aufleuchtend, fuhr er wieder dem Gral entgegen.

Bauernregeln

Wenn sich die Ameisen verkriechen,
so bedeutet das Regen.

Hitze an Dominikus (8. August),
ein starker Winter kommen muss.

Wie's Wetter ist an Cassian (13. August),
so hält's noch mehrere Tage an.

Viel Hopfen so viel Roggen im nächsten Jahr.

St. Laurentius (10. August) und Bartholomäus (24. August)
schön,
ist guter Herbst vorauszusehen.

Wie sich der Bartholomäustag (24. August) hält,
so ist der ganze Herbst bestellt.

Wie der August, so der künftige Februar.

Sternschnuppen zu St. Laurentius

Im Volksmund heißen sie Laurentiustränen, die Sternschnuppen, die um den 10. August durch den dunklen Nachthimmel gleiten und verglühen. Wer sie fallen sieht, hat einen Wunsch offen, aber er muss schnell ausgesprochen sein, während die Sternschnuppe ihre Bahn zieht.

St. Laurentius gehört zu den bekanntesten Heiligen im Rheinland. Abgewandelt ist sein Namen als Lorenz viel gebräuchlich gewesen. Der 10. August ist der Tag des Heiligen, der zu den frühen Märtyrern der Kirche gehört. Er war Diakon des Papstes Xystus II. und hatte die Aufgabe, Almosen an die Armen zu verteilen, bewirkte zu Lebzeiten Wunder und starb den Feuertod auf glühendem Rost. Bilder der Laurentius-Marter sind in manchen Kirchen zu sehen.

Seine leuchtenden „Tränen" gehören zu den vielen Naturschauspielen, die der Sommer uns schenkt. Zuweilen ziehen sie einzeln ihren schimmernden Weg durch die Dunkelheit, oft sind es ganze Ströme oder „Schwärme", die da plötzlich erscheinen und vergehen. Was hat es auf sich mit den Laurentius-Tränen? Es sind in der Tat „Außerirdische", die zu unserer Erde streben, Kleinkörper aus Stein oder metallischer Masse, sogenannte Meteoriten, die von außen in die Erdatmosphäre eindringen und hier unter Lichterscheinungen verdampfen und erlöschen.

Um den 10. August geht ein ganzer Strom solcher Meteoriten von einem Kometen aus und erscheint leuchtend in unserem Gesichtsfeld. Die Astronomie bezeichnet diesen Strom als „Perseiden". Volkstümlich aber ist der poetische Namen „Laurentiustränen", der die Naturerscheinung einreiht in die große Folge der Heiligen, die das christliche Jahr begleiten.

Vom Erntespuk zum Erntespaß

„Ernting" hieß der August im Altdeutschen, der große Monat des Jahres, der die Ernte brachte, das Aufgebot aller Arbeitskräfte, das Schaffen Hand in Hand von früh bis spät, das Schneiden und das Aufbauen der Garben, schließlich das Aufladen auf die Wagen, Mahlzeiten, die auf das Feld gebracht wurden, und die nicht zu knapp bemessen sein durften, ebenso wie Bier und Schnaps, die hier die Runde machten. Da bildet sich von selbst der eine oder andere Brauch, da fliegen Worte hin und her und werden zum Singsang, zum Vers. Kurzum: im Monat August hat der Volksbrauch seine gute Zeit.

Die Ernte beginnt und endet mit Spuk. Wenn das Getreide hoch auf den Feldern steht, hält man die Kinder fern und droht ihnen mit der „Roggenmuhme", die im Kornfeld hockt. Hinter dem Spuk steht eine alte Erfahrung. Es ist schon vorgekommen, dass Kinder sich im hohen Getreide verlaufen haben und erst tot aufgefunden wurden. Mit dem Schnitt der letzten Halme verbanden sich uralte heidnische Vorstellungen der Feldfruchtbarkeit. Gute und böse Mächte walten über den Feldern. Mit der letzten Garbe wird oft das „Roggentier" gefangen. Anderenorts lässt man die letzte Garbe liegen und verfaulen, sonst droht ein Spuk dem Bauernhaus. Am Niederrhein galt als Korngeist und Dämon der Fruchtbarkeit der Hase, mehr noch der Hahn. Der „Erntehahn" wurde gefangen, getötet und verzehrt bei der gemeinsamen Mahlzeit, die die Ernte beschloss. Daher wurde das Ende der Ernte auch oft „Hähnen" genannt.

Das Rheinland hat, gemessen an anderen Landschaften, nicht ganz so viel, aber sehr aufschlussreiches Erntebrauchtum entwickelt. Die hiesigen Bauernhöfe wurden überwiegend als Familienbetriebe von mäßiger Größe geführt und hatten daher nicht viel Gesinde. Insgesamt machte das Gesinde nur ein Fünftel der ländlichen Arbeitskräfte aus, vor allem seit im 19. Jahrhundert die große Abwanderung in die Industrie stattfand. Knechte und Mägde wurden auf den Gesindemärkten angeworben. Für den

Erntemonat August wurden Saisonarbeiter aus Holland, aus der Eifel und dem Westerwald angeheuert, später auch aus Ostpreußen und Polen.

Auf den größeren Höfen bestand eine Dienstbotenhierarchie von Meisterknecht bis zum Enk, dem jüngsten Knecht, von der Großmagd bis zur Bonnes, dem jüngsten Mädchen. Bei der Getreideernte hatten die Schnitter, auch „Arnsmann" genannt, den höchsten Rang. Sie waren in jedem Fall überlegen, hatten das Sagen und bekamen auch besseres Essen.

Die Schnitter bestimmten auch das Tempo der Arbeit. Übermäßige Leistungen wurden nicht gefordert. „Der Rheinländer lässt sich nichts Ungebührliches zumuten", beschreibt ein Kenner die ländliche Arbeitsweise. Überstunden wurden mit Geld oder Naturalien abgegolten, oft mit Schnaps. Die Kost war reichlich. Oft begann das Morgenessen mit Brei. Dreimal in der Woche gab es Fleisch.

Auf den Bauernhöfen aßen das Gesinde und die angeheuerten Saisonarbeiter mit am Tisch der Familie, auf größeren Gütern allein. Am Niederrhein wurde es aber eher als Beleidigung angesehen, wenn der Gutsherr oder die Familie nicht an der Mahlzeit des Gesindes teilnahm. Auch musste der Gutsherr die erste Frühmahlzeit selbst aufs Feld bringen. Sie bestand aus Weckbrei, Mehlsuppe und Weißbrot.

Charakteristisch für das Rheinland ist der gering gehaltene soziale Unterschied zwischen den Besitzenden und den Arbeitenden, der ein gewisses Gefühl von Freiheit und Selbstbewusstsein auf Grund der erbrachten Leistung bezeugt. In anderen Landstrichen, vor allem in Ostpreußen, wurde der Gutsherr mit einem langen Gedicht zum Ausklang der Ernte untertänigst angesprochen. Die Rheinländer machen es kurz und deutlich:

> *Nu, Bauer, es alles ingefahre*
> *un alles ongerm Schüredach (Scheunendach).*
> *Du darfst nu awer ook net spare.*
> *Sos gövt owert Jaar kein schöne Saak.*
> *Hat Dir use Herrgott voll gegewe,*
> *Lat nu auch die Armen leeve.*

Ein vergnüglicher Brauch bei der Ernte war das sogenannte „Abwischen". Es war besonders am Mittelrhein und am Niederrhein üblich. Wer unberechtigt das Feld betrat, wer als Gutsherr ein Werkzeug ergriff und sich anschickte, selbst zu arbeiten, der junge Knecht, der zum ersten Mal aufs Feld kam, das Hausmädchen, das erstmals das Essen brachte, ihnen allen wurden von einer Schnitterin mit einem Strohwisch die Schuhe „abgestaubt". Dann war ein Trinkgeld fällig. In der Gegend von Kempen sangen die Mädchen:

> *Hier nehm ich Euch gefangen*
> *in Ehr und nicht in Schanden*
> *nicht mit Strick und Banden*
> *um gutes Trinkgeld zu empfangen.*

Oder es wurde ein Kreis um den Gutsherrn gebildet, und die jüngste Binderin sprach ihren Vers:

> *Ju tu Ehr*
> *Ons tu Plaisier*
> *Et soll Ju koste een Kann Bier*
> *Of drie of vier.*

Die Trinkgelder kamen in eine gemeinsame Kasse. Dann luden die Mädchen die jungen Leute ein, bestellten bei einem Wirt Essen und Trinken und schickten einen Knecht aus, um die anderen zu holen. Er musste dann einen Spruch sagen:
„Ik soll ook gu'en Dag seggen von alle junge Deerns an alle Gelagsjongens (Junggesellen), on Je sollt van Owend (heute Abend) zum Wirt komme met blanke Stewels und gepuderten Haaren, om die Schuhwische te verteren." Gefeiert wurde, bis das Geld zu Ende war.

Der letzte Erntewagen wurde mit besonderen Bräuchen eingefahren. Er wurde sehr hoch bepackt, genau viereckig bestückt und mit grünen Zweigen besteckt. Alle Pferde des Hofes, zuweilen sechs oder acht, auch sonstiges Zugvieh wurden vorgespannt. Die Mädchen übernahmen das Fahren und ritten auch die geschmückten Pferde. Sie trugen bunte Bänder an ihren Strohhüten. Die Männer gingen mit geschmückten Gabeln nebenher. Wer vom Gesinde mitmachen wollte, kletterte oben auf den Wagen. Möglichst auch zwei Musikanten. Der Wagen nahm den weitesten Umweg durchs Dorf, bis er zum Hoftor schwankte. Hier wurden oft noch kleine Hindernisse eingebaut, so dass er nur schwer durchkam. In Berkum (Wachtberg) steckten die Bauern in die letzte Garbe kleine Päckchen mit Geschenken für die Erntearbeiter.

Auf größeren Gütern bestand die letzte Mahlzeit aus Rindfleischsuppe, Rindfleisch, Sauerkraut mit weißen Bohnen und Reis mit Zimt und Zucker. Heute geht der Hausherr mit den Knechten meist in eine Wirtschaft, um sie zu bewirten. Veränderungen in der Geldwirtschaft und das Aufkommen der Akkordlöhne haben auch die Bräuche verändert. Wenn die Erntehelfer mit der Bewirtung oder Bezahlung nicht zufrieden waren, warfen sie den letzten Erntewagen um. Im Ernstfall drohte auch wohl am Niederrhein das sogenannte Sensenwetzen. Dabei wurden der Bäuerin die Kohlköpfe im Küchengarten abgeschnitten. Doch dazu ließ es keine Bäuerin kommen. Da gab sie lieber zum „Dreckabwaschen" Weißbrot, Eierkuchen und Verwendbrot, eine Pfannenspeise aus eingeweichtem Weißbrot, das in Eierkuchenteig ausgebacken wird.

Zu Bartholomäus, am 24. August, musste die Ernte eingebracht sein. Dann räumte die Bäuerin die „Stölpe" weg, die Butterfässer, mit denen der Brotaufstrich aufs Feld getragen worden war.

Der Tag des hl. Bartholomäus war in vielen Pfarren Kirchweihfest und damit auch Kirmeszeit. Auch große Jahrmärkte beginnen gegen Ende August, wenn die Ernte eingebracht und die Jahreszeit eine Atempause bei der Feldarbeit gewährt und dem Bauern das Geld etwas lockerer in der Tasche saß.

Übrig blieb von der ganzen Betriebsamkeit des Erntemonats nur noch die „Martelgarw", die letzte Garbe, oft als unförmige Frauengestalt zurechtgebunden. Seit einigen Jahren lebt das alte

Brauchtum abgewandelt wieder auf. Auf leeren Feldern, oft am Eingang der Dörfer oder an ihrem Ende stehen mächtige Strohpuppen, meist Mann und Frau, ausgestattet mit buntem Kopftuch und Halstuch und erinnern an anno dazumal.

Rund um den Krautwischtag

Der 15. August ist einer jener Tage im Jahr, an denen sich Christliches und uralt Volkstümliches zu einer schönen Einheit verbindet. Die Kirche feiert Mariä Himmelfahrt, die Aufnahme der Muttergottes in den Himmel seit dem 5. Jahrhundert und segnet zugleich die Kräuter, denen seit ungemessenen Zeiten Heilkraft und magische Wirkung zugeschrieben wird. Fromme Überlieferung berichtet, dass die Apostel in dem leeren Grab der Muttergottes duftende Blumen und Kräuter fanden. Die Legende verschmilzt magischen Glauben und praktische Heilerfahrung. Die Menschen fühlten sich früher den Naturgewalten hilfloser ausgesetzt, und daher war ihr Bedarf an Schutzmitteln und ihr Glaube an magische Hilfen um vieles größer und ausgeprägter.

Bei der Kräuterweihe betete man um Wohlfahrt des Leibes und der Seele und bewahrte die Kräutersträuße für alle Ereignisse in der Familie von der Wiege bis zur Bahre sorgfältig auf. Geweihte Kräuter wurden früher dem Brautpaar ins Hochzeitsbett gelegt, dem Neugeborenen in die Kissen, den Kranken unter die Polster, den Toten in den Sarg.

Der Kräuterstrauß, der in der Kirche gesegnet war, wurde zu Hause vorsichtig getrocknet und am Marienbild, am Kruzifix oder am Dachsparren aufbewahrt, so dass man ihn immer griffbereit hatte. Er hatte auch im Stall seinen Platz, wurde den Kühen zwischen die Hörner gelegt und in den Garten geworfen als Schutz gegen Raupenfraß.

In Köln wurde bereits 1427 empfohlen, bei Blitzschlag die „gesainde wusche" (gesegneten Bündel) zu verbrennen, eine Kerze anzuzünden und die Glocken zu läuten. Aber die Kräuter sollten nicht eigentlich verbrannt werden sondern auf der Herdplatte langsam in Rauch aufgehen. Der Brauch der Kräuterweihe und der Gebrauch der geweihten Kräuter war im Rheinland, insbesondere am Niederrhein, noch bis zum Ende des 19. Jahrhunderts derart verbreitet, dass er auf die Nachbarländer ausstrahlte. So finden wir den Krautwisch in den Niederlanden, in Brabant und im Gelderland als Übernahme aus Deutschland.

Der Krautwisch wurde je nach Gegend aus sieben, neun oder zwölf Kräutern zusammen gestellt. So wurden Wermut, Schafgarbe, Getreideähren, Disteln, Johanniskraut, Tausendgüldenkraut, Meisterwurz, Wurmkraut, Pfefferminze und Kamille zum Strauß gebunden. Am Niederrhein nahm man Holunder, Rainfarn und bevorzugt rotblühende Kräuter hinzu. Auch die Königskerze wurde gern mit eingebunden, weil sie gegen Blitz und Donner schützen sollte.

Tatsächlich aber gehört die Königskerze zu den sogenannten offizinellen Pflanzen, den seit unvordenklichen Zeiten bekannten und anerkannten Heilkräutern. Sie wurde gegen Brustleiden verwandt. Die Schafgarbe diente zur Blutreinigung, der Wegerich war gut gegen Fieber, bei Wunden und Entzündungen, die Eberraute, das sogenannte Zitronenkraut, bei Erkältungen, wie auch der verwandte Beifuß bei vielen Erkrankungen angewandt wurde.

Die Zusammensetzung der Kräutersträuße war oft von Dorf zu Dorf verschieden und richtete sich häufig nach dem Vorkommen der Pflanzen und nach der praktischen Erfahrung der Frauen, die die Pflanzen je nach Bedarf als Kräutertee, bei Umschlägen oder zum Auflegen auf Wunden verwandten, so wie sie es von Generation zu Generation gelernt hatten.

Heute ist der Kräuterstrauß selten geworden, schon weil die Vielfalt der Pflanzenarten vermindert ist und auch die Kenntnisse fehlen. An die Stelle der meisten Kräuter sind chemische Substanzen getreten. Aber in manchen Arzneien, z. B. in Hustensäften, sind heute noch Kräuter vorhanden, deren Namen im „Krautwisch" vorkommen.

Kalenderblatt September

Bauernregeln

Wie der September,
so der künftige März.

Am Septemberregen
ist dem Bauern gelegen.

Maria Geburt (8. September)
de ziehen die Schwalben fort.

Wie das Wetter zu Maria Geburt (8. September)
so bleibt es noch vier Wochen fort.

Mauritius (22. September) ein klarer Tag,
der Winter drauf noch stürmen mag.

Bringt St. Michael (29. September) Regen,
kann man im Winter den Pelz anlegen.

Die imponierenden Zahlen sind bekannt: der Festplatz im rechtsrheinischen Bonner Vorort, auf dem sich fünf Tage im September der Markt abspielt, misst sieben Hektar (70.000 qm), die Wege zwischen den Buden messen sechs Kilometer. Tausend und mehr Fahrgeschäfte, Glücksbasare, Schau- und Belustigungsobjekte werden aufgebaut, über eine Million Besucher werden jedes Jahr am zweiten Septemberwochenende in Pützchen gezählt. Aus welcher Richtung man anfährt, Riesengerüste ragen in den Himmel, und brodelnder Lärm im Mix der Musikboxen, Lautsprecher, Menschenstimmen umgibt wie eine Klangmauer das Gelände, auf dem der größte Jahrmarkt des Rheinlandes, einer der größten im deutschsprachigen Raum stattfindet.

Hier reisen Schaugeschäfte mit bis zu sechs Eisenbahnwaggons an. Die neuesten Attraktionen, eine atemberaubender als die andere, werden traditionell in Pützchen vorgestellt.

Und daneben gibt es den Plutenmarkt, wo man alles an Gebrauchtwaren finden kann, was von Kopf bis Fuß einkleidet, was an Gerät und Geschirr benötigt wird für Haushalt, Küche, Keller, Garten und Feld. Früher der große Umschlag- und Einkaufsplatz für die Bevölkerung des Siebengebirges und des Landes an der unteren Sieg, und auch heute noch Ziel der Schnäppchenjäger.

Zwei Wochen vorher beginnt das Marktamt die Plätze auszumessen. Viele Marktbeschicker kommen seit Jahren und haben das Anrecht auf einen festen Platz. Es gibt sogar Marktjubilare. Für alle muss die Wasser- und Stromversorgung sichergestellt werden. Mit einem Sonderzug reisen die Kellnerinnen aus dem Alpenvorland an, die gestandenen Frauen, die bis zu zehn Maßkrüge stemmen können.

Wer aber denkt schon daran, dass sich hier hinter der klingenden, schrillen, lauten und bunten Kulisse das ganze Leben der 2000 Schausteller für Tage etabliert, dass sich neben und hinter dem großen Marktspektakel die Welt des Wohnens und Hausens, der Familien und der Begegnungen mit Verwandten und Freunden begibt? Pützchen ist ein festes Datum im Leben der Schaustellersippen, die hier zusammentreffen in ihren Wohnwagen, welche oft aufwendig wie modernste Appartements sind. Pützchens Markt war vor dem Zweiten Weltkrieg Höhepunkt und Abschluss des Schaustellerjahres, letzte Begegnung vor Winteranfang. Ein Grund zu feiern für die Fahrenden.

Aber wer ahnt schon, dass in diesen fünf Tagen auch das stattfindet, was die unstete irdische Welt der Fahrenden mit dem Überirdischen verbindet?

Alljährlich reist von München her der Pallotinerpater an, der Seelsorger der Schausteller. Hier in Pützchen werden auch Gottesdienste gefeiert, junge Paare getraut und Kinder getauft. Oft auf den Namen Marion-Adelheid.

Adelheid hieß die Äbtissin, die vor rund tausend Jahren ihren Stab in den Boden stieß und inmitten der großen Dürre eine Quelle hervorrief, ein „Pützchen" eben, wie die Rheinländer eine kleine Wasserstelle nennen. Und diese Quelle erwies sich als segensreich, insbesondere für Augenleidende. Bis heute noch tauchen Wallfahrer ein Tuch in die Quelle und streichen über die Augenlider. Früher wurden auch Lahme, selbst Geisteskranke zu dieser Quelle gebracht.

Alljährlich zu Septemberbeginn kamen Wallfahrer nach Pützchen, seit 1688 betreut von einem Karmelitenkloster. Vorher hatten sich Klausner dort angesiedelt und den Pilgern, deren Kommen seit 1327 bezeugt ist, bescheidene Hilfe geleistet. Das heilkräftige Wasser wurde mit einer eisernen Kelle, die an einer Kette hing, geschöpft. Auch Adelheidisbrot wurde für die Armen ausgeteilt. Die größte Wallfahrt kam im 19. Jahrhundert zu Fuß aus Köln. Bis zu 20.000 Menschen trafen am Adelheidistag dort ein. Mit der Wallfahrt hatte sich schon früh ein Markt etabliert. Heute sind Wallfahrt und Markt getrennt. Aber der Name der Heiligen geht noch mit vielen Schaustellerkindern in die Welt.

Gingen früher die Wallfahrer nach dem Besuch der Kirche und des Brunnens zum Markt, so ist heute die Kirche geschlossen und der Gottesdienst findet seit 1963 im großen Festzelt statt. Während in den seitlichen Bereichen des Zeltes, das für dreitausend Personen angelegt ist, schon die Herde angeheizt werden für die deftigen Angebote des Tages, zelebrieren Geistliche das traditionelle „Dreiherrenamt" zu Ehren der hl. Adelheid. Diese herkömmliche Messe, die ursprünglich nur für die Schausteller bestimmt war, wird heute aber von vielen Marktbesuchern mitgefeiert. Und hier finden denn auch die eben erwähnten Kindtaufen und Hochzeiten statt. Chor und Blasorchester geben den festlichen Rahmen.

Aber die Fahrenden stellen auch ihre Marktattraktionen unter geistlichen Schutz. Kein neues Fahrgeschäft, das nicht eingesegnet würde. Sogar die Tiere werden mit einbezogen, und ein eben geborenes Pony bekam von dem Pallotinerpater seinen Namen zugesprochen.

Tradition ist auch auf Pützchens Markt das musikalische Wekken am ersten Morgen durch ein Tambourcorps, das durch alle Budengassen zieht, und feststehende Bräuche begleiten das Leben auf Pützchens Markt vom Besuch der Honoratioren bis zum letzten Vormittag, der nur den Heimkindern und Behinderten gehört. Pfarrer, Marktbürgermeister und Schützen stehen bereit, um 250 Kinder zu empfangen, die nach Herzenslust und gut behütet fahren und auch futtern dürfen, denn im Festzelt wartet Bewirtung.

Zum Brauch gehört auch ein Umzug mit Instrumenten, ein Schaustellerständchen, das nur auf Pützchens Markt intoniert wird. Ein Riesenfeuerwerk signalisiert schließlich das Ende dieses größten rheinischen Volksfestes.

Der Heilige auf der Insel

Am Sonntag vor dem 4. September wird der Schrein des hl. Suitbertus in feierlicher Prozession durch das malerisch mittelalterliche Kaiserswerth getragen. Die Prozession, die an den Tag seiner Heiligsprechung erinnert, hatte ursprünglich ihren besonderen Stationsweg, die Via Suibertina, welche sieben Stationen des Leidens Christi nachvollzog. Der Verkehr hat den Weg verkürzt und verändert. Unverändert aber ist seit dem 13. Jahrhundert die Verehrung des Heiligen, dessen Gebeine 1264 in den Schrein aus einer Kölner Werkstatt gebettet wurden. Der Schrein gilt als das bedeutendste Werk rheinischer Goldschmiedekunst und wird dem Kölner Dreikönigenschrein des Nicolaus von Verdun zur Seite gestellt. Gold, Silber, Edelsteine, Gemmen und Kristalle, edles Filigran schmücken das großartige Reliquiar, das in der Suitbertus-Basilika, der Grabeskirche des Heiligen, bewahrt und einmal im Jahr durch die Straßen getragen wird. Die Träger sind Mitglieder kirchlicher Bruderschaften, deren älteste, die St. Sebastianus-Bruderschaft, schon 1285 gegründet wurde. Die nahe beieinander liegenden Daten der Entstehung des Schreines und die Tradition der Bruderschaft sind ein weiterer Beweis des engen Zusammenhanges kirchlichen und weltlichen Brauchtums.

Seit dem 17. Jahrhundert wurde alle fünfzig Jahre, seit 1817 wird alle fünfundzwanzig Jahre der Schrein geöffnet. Die Reliquien des Stadt- und Kirchenpatrons werden ihren seidenen Tüchern entnommen, und ihnen wird „Reverenz erwiesen".

Der Heilige, dessen Andenken hier verehrt wird, ist der erste Missionar im Rheinland gewesen. Er wurde 637 im angelsächsischen Northumbrien geboren und seit dem fünfzehnten Lebensjahr in einem Benediktinerkloster erzogen. Etwa um 690 zog Suitbertus unter der Leitung des berühmten Missionsbischofs Willibrord in das südliche Friesland. Um 692 zum Bischof geweiht, nahm Suitbertus seine Missionstätigkeit in Westfalen im Siedlungsgebiet des Stammes der Boruktuarier auf. Ein verheerender Einfall der heidnischen Sachsen machte seiner Missionstätigkeit dort ein Ende. Er kam an den Rhein, und Pipin der Hausmeier der Merowinger, und seine Gattin Plektrudis, schenkten dem Bischof eine Rheininsel, ein Werth, wie es von Alters her hieß. Auf dieser Insel befand sich ein befestigter Königshof, unter dessen Schutz Suitbertus ein Kloster errichten konnte. Heute ist diese Insel durch Veränderung des Rheinlaufes mit dem Ufer verbunden und als Kaiserwerth der nördlichste Stadtteil von Düsseldorf.

Unter Suitbertus wurde die Insel Basis für eine ausgedehnte Mission im nördlichen Rheinland und an Ruhr und Lippe bis Bielefeld im Norden und Rheinbrohl im Süden sowie im ganzen Jülicher Land. Suitbertus wurde schon zu Lebzeiten als mildtätig und hilfreich verehrt. Er hatte es sich auch zur Aufgabe gemacht, die Toten, die der Rhein an seine Insel trug, zu bestatten.

Suitbertus starb am 1. März des Jahres 713 auf der Insel, die bis ins 12. Jahrhundert „Insula Sancti Suitberti" genannt wurde. Heute erinnern zahlreiche Suitbertus-Gemeinden in Deutschland und in den Niederlanden an den großen Missionar, der von der Rheininsel aus eine weitreichende Wirksamkeit entfaltete und Pilger besuchen seine Basilika und den goldenen Schrein, der seine Reliquien birgt.

Von der Kunst des Beierns

Sie schien schon untergegangen, die Kunst des Beierns, die nach altem rheinischen Brauch zu festlichen Anlässen Jahrhunderte lang geübt wurde. Der Zweite Weltkrieg hatte soviel Glocken gefordert zum Guss von Geschützen, und als manche Geläute dennoch von den Glockenfriedhöfen zurückkehrten, und als viele neue Kirchen gebaut und mit Geläut ausgestattet wurden, setzte die neue Zeit die Glocken durch Elektrizität in Bewegung. Und so schien es mit dem Beiern zu Ende zu sein; denn für diese ganz besondere Form des Geläuts müssen die Glocken nur mit der Hand angeschlagen werden, sei es mit einem Hammer oder auch mit einer Konstruktion von kurzen Seilen, die die Glocke zum Klingen bringt.

Aber dann wurde seit dem Ende der siebziger Jahre des vorigen Jahrhunderts der Brauch des Beierns wieder aufgenommen. Er kam zurück aus der Tiefe der Volksreligion, aus dem Bedürfnis der Menschen, diesen seltsam feierlichen Glockenschlag wieder in ihr Gemeindeleben einzubeziehen. Junggesellenvereine und Bruderschaften und andere kirchliche Vereinigungen haben es sich angelegen sein lassen, den alten Brauch erneut zu Ehren zu bringen. In Bonn wird in mehreren Stadtteilen wieder gebei-ert: seit 1983 in Duisdorf und in der neuen Kirche St. Bernhard in dem nach dem Krieg entstandenen Stadtteil Auerberg. Erhalten blieb der Brauch in Grau-Rheindorf. Im sogenannten „Dra-chenfelser Ländchen" wird am Vorabend von Fronleichnam in Vilip vom Turm der Kirche Simon und Judas gebeiert, anderwärts wenn der Sakramentale Segen von den im Freien errichteten Altären zu Fronleichnam gespendet wird. Ein großes und unvergessliches Ereignis war es, als 1937 in der Zeit des Nationalsozialismus anlässlich eines vierzigstündigen Gebetes die Kölner Domglocken beierten.

Das Beiern ist als eine Vorform des Läutens zu verstehen. Das Wort stammt vermutlich aus dem benachbarten Flandern und ist eine Ableitung von „beiaerden". Der Glockenturm heißt dort „beiaard", und bei den bekannten flämischen Glockenspielen werden die Glocken noch heute von Hand angeschlagen, leicht aus dem Handgelenk, kräftiger aus dem Ellenbogengelenk und mit Wucht aus dem Schultergelenk.

Bei dem üblichen Läuten wird die Glocke mit den Seilen oder durch elektrischen Antrieb in Schwingungen versetzt, sodass der Klöppel an den inneren Rand schlägt und den Klang auslöst. Beiern ist dagegen das Anschlagen des Klöppels bei nicht schwingender Glocke. Die Glocke bleibt unbewegt, und der Klöppel wird mit einem Hammer oder durch eine Seilkonstruktion, die mit Hand und Fuß im vorgegebenen Rhythmus bedient werden kann, gegen den inneren Glockenrand geschlagen. So entsteht der Ton. Der Klöppel ist dabei durch eine Seilschlaufe befestigt, sodass er eine geringe Bewegungsmöglichkeit hat. Unvorsichtiges „Beiern" hat schon mehrfach in der Vergangenheit Glocken durch sogenannte „Prellschläge" bersten lassen, sodass sie neu gegossen werden mussten. Ereignisse, die jahrhundertelang in den Chroniken auftauchen. So ist nicht vergessen, dass 1649 in Kempen bei der Kirmes die Glocke durch allzu starkes Beiern geborsten ist. Auch in Gülsdorf hat eine Glocke ihren

„lieblichen Schall verloren" durch fehlerhaftes Beiern. Oft kam es nach solchen Erfahrungen zu strengen Verboten des Beierns.

Bei der engen Bindung der Klöppel ist natürlich nur eine bescheidene melodische Entwicklung möglich. Daher ist beim Beiern eine ostinate Wiederkehr eines bestimmten kurzen musikalischen Motivs charakteristisch. Diese kleine, immer wiederkehrende Melodie hat zu volkstümlichen Liedtexten geführt. Die sogenannten Beierverse sind von Ort zu Ort verschieden. Zuweilen necken sich benachbarte Dörfer am Niederrhein auch mit den Beierversen. Und es kann sogar zu deftigem Spott kommen. Bei karger Küche lautet der Beiervers:

Kartoffelsupp', Kartoffelsupp', Kartoffelsupp'
nur Sondaachs Fleesch

Aus Bonn ist ein ähnlicher Beiervers überliefert. Die Münsterglocke beiert:

Ich han Ätzezupp (Erbsensuppe) jekoch . . .

St. Marien antwortet:

Die mag ich nich, die mag ich nich . . .

Die kleine Glocke von St. Remigius tönt in ganz hellem Klang:

Gib se mich man, gib se mich man . . .

Eine niederrheinische Glocke beiert:

Bim, bom, beier, der Offermann (Küster) mag kein Eier.
Wat mag he dann?
Speck in de Pann, o du olle Leckerzahn

oder auch:

Bim, bom, beier, die Glocken legen Eier

oder zum Schluss eines gelungenen Festes:

Bim, bom, beier, et war eine schöne Feier.

Häufig waren die Küster zugleich auch „Beiermänner", und das Amt vererbte sich in der Familie, in einem Fall bis zu 124 Jahren. In Aachen beierten traditionell die Totengräber, in Issum und in Wachtenbonk am Niederrhein die Dachdecker. Oft ging mit dem Tod eines Beiermannes die Technik verloren.

Dem wollte man offenbar in Rheinbrohl vorbeugen, und so bildete sich dort die „Bemmschlägerzunft", eine am ganzen Rhein einmalige Institution, die zwölf Mitglieder zählt. Jeder unbescholtene Bürger kann der Zunft beitreten. Mindestalter sechzehn Jahre. Ein geistlicher Präses steht den Bemmschlägern vor. In Neuss bestand oder besteht noch die Gemeinschaft der „Glockejonge", die urkundlich durch ein Protokollbuch nachgewiesen ist.

Die „Beierleute" müssen Idealismus und Opferbereitschaft mitbringen für dieses aus dem frühen Mittelalter stammende „Amt". Sie haben berühmte Vorbilder. Kein kirchliches oder weltliches Fest gab es früher ohne Beiern. Vom großen Beiern berichten die Chroniken. So hören wir, dass alle Glocken läuteten und beierten, als im Jahr 1440 Philipp der Gute in Brüssel einzog. 1717 wurde auf Anordnung des preußischen Königs aus Anlass der zweihundertjährigen Wiederkehr der Reformation gebeiert.

Aber auch bedeutende Abschnitte der Französischen Revolution mussten in dem von Franzosen besetzten Rheinland mit Beiern begangen werden. So feierte man in Dormagen das Fest der Freiheit und den Sturz Robespierres am 28. Juli 1798 mit Beiern. Linnich vermeldet, das die Munizipalität das Beiern beim Aufstellen eines Freiheitsbaumes verlangte. Am 18. November 1799 feierte man mit Beiern Napoleon, der das Direktorium gesprengt hatte. Beiern für Deutschland gab es nach Napo-

leons Sturz wieder. In Sechtem und Waldorf wurden die Glok-
ken zwei Stunden gebeiert, als die deutschen Fürsten mit ihren
Truppen Napoleons Herrschaft beendeten durch die Eroberung
von Paris am 31. März 1814.

Seit das Rheinland durch den Wiener Kongress preußisch geworden war, gab es für die Kirchen beider Konfessionen das öfteren Gelegenheit zum Beiern, so jedes Jahr am Geburtstag seiner Majestät, später an den Gedenktagen glorreicher Schlachten
des Krieges 1870/71.

Eine besonders schöne und anrührende Darstellung des
Beierns finden wir in einem Bericht der evangelischen Gemeinde Schermbeck am Niederrhein anlässlich eines hohen Feierta-
ges: Am Samstag nach beendigter Beichte begann das Beiern
und wurde durch die Nacht bei unterschiedlichen Pausen fortgesetzt, bis am frühen Morgen ein Hoboist den Choral „Nun lob
mein Seel' den Herren" anstimmte, während die Glocken ihn
ganz leise begleiteten. Nach der Predigt und zum *Te Deum* setzte
das Beiern wieder ein.

Beiern ist eine seltene Kunst. „Gewöhnlich kann es in einer
Generation nur einer", schreibt Alois Döring in seinem Buch
„Glockenbeiern im Rheinland", das eine ausführliche wissen-
schaftliche Darstellung bietet; wir folgen ihr hier in unserem
Kapitel mit gebotener Bescheidenheit und empfehlen das Buch
zur eigenen Lektüre. Es lohnt sehr.

Wie wir schon hörten, gibt es auch in unserer technischen
Zeit doch Nachfolge. Beierstücke werden geübt und zwar mit
Weingläsern, die unterschiedlich mit Wasser gefüllt und mit dem
Bleistift angeschlagen werden, bis allen in der Runde der ange-
henden Beiermänner der Rhythmus in Fleisch und Blut über-
geht. Denn schließlich müssen auch mehrere Beiermänner zugleich Takt halten können. Auch Weinflaschen taugen für diese
Übung, wie man in Brenig erprobt hat. Das mag nun sein, wie
dem wolle. Hauptsache: das Beiern bleibt erhalten, ein eindring-
licher Klang in der rheinischen Volksfrömmigkeit.

Septembergleichnis
Eine Erzählung

Der Sommer eines guten Jahres brachte Frau Regina, die in einem weißen Haus nah am Rhein wohnte, außer einer reichen Ernte im Garten auch noch einige späte Verehrer. Sie hatte sich vor ein paar Jahren hierher zurück gezogen, als ihr ein unerwartetes Glück das kleine Obstgut als Erbe bescherte. Ohne sonderliches Bedauern hatte sie ihre Buchhandlung in der Stadt einer gediegenen Nachfolgerin übergeben.

Sie hatte das umso leichter getan, als der Buchhandel nicht das eigentliche Ziel ihres Lebens gewesen war, obwohl sie Bücher für eine unerlässliche Begleitung hielt. Aber vor langem war sie einmal mit allen Segeln dem gemeinsamen Glück mit einem jungen Gelehrten entgegen getrieben und hatte dann jählings erfahren, dass nicht alles Gewünschte und Geträumte Bestand hat.

Aber weil die Herzen der Rheinländerinnen nun einmal nicht dazu bestimmt sind, am Schmerz um eine verlorene Liebe zu brechen, hatte sie den Tag des Abschieds überwunden, sich die Augen gewaschen, dass keiner ihren Tränen auf die Spur kam und statt der verlorenen Zweisamkeit eine tapfere und erfolgreiche Einbahnstraße eingeschlagen. Bis ihr das freundliche Schicksal das kleine Obstgut zukommen ließ, und ihr neben der Arbeit die Zeit gab, all die Bücher zu lesen, die sie sich für ein Alleinsein aufgespart hatte.

Sie war also in das Barockhäuschen eingezogen, wirtschaftete mit Geschick und Verstand und lernte das Leben am Fluss lieben wie die Nähe der Berge am jenseitigen Ufer. Und weil ihr zudem noch die Sorge um eine junge Nichte zugefallen war, fehlte es ihr auch nicht an gelegentlicher munter aufblitzender Gesellschaft.

Auch aus der Stadt hatte doch eine Anzahl Befreundeter ihre Spur wiedergefunden, sprach bei ihr vor und wurde bald zur regelmäßigen Mittwochabendrunde.

Aber in diesem besonderen Sommer konnte sie nicht übersehen, dass aus dem Kreis dieser Mittwochgäste einige des öfteren

147

allein ihre Gesellschaft suchten. Und sie wunderte sich ein wenig, guckte in den Spiegel, den sie nach dem damaligen Abschied nicht mehr sonderlich geliebt hatte. Nun ja, schöner war sie wohl nicht geworden in und mit den Jahren. Aber als Frau, die mit der Zeit gelernt hatte, wie das Reifen von Obst und Wein vor sich geht, sah sie auch den Widerschein der Reife in ihren Zügen und schrieb ihm die besondere Aufmerksamkeit der beständigen Besucher zu. Und so beschloss sie, nach vielen Jahren der inneren Ablehnung, zum mindesten zu hören, was die Besucher ihr vortragen wollten. Denn etwas wie Gemütsbewegung lag in der spätsommerlichen Luft.

Der erste, der das Wort wagte, war ein Kunstgelehrter aus der nahen Universitätsstadt. Er saß ein paar Sommernachmittage lang mit Frau Regina auf der Terrasse vor ihrem Hause, sah sie im Profil, während sie über den Rhein blickte, unentwegt an und sagte seine Werbung in vielen Bildern, die ihm aus seinem Fachgebiet bekannt waren. Er verglich sie mit ägyptischen Prinzessinnen, Renaissancedamen und lächelnden Madonnen.

Anfangs hörte Regina das nicht ungern, denn mit allen diesen Frauenbildern war sie schon aus ihrer vergangenen Buchhändlerzeit gut Freund. Aber auf die Dauer verdross es sie doch, dass er seine Vergleiche immer aus der Vergangenheit suchte, während sie in der freundlichen Gegenwart tätig zu Hause war. Und als er sie eines Tages mit einer der klugen Jungfrauen verglich, die an den Portalen der Dome stehen, dachte sie mit leichtem Ärger, es könne auch einmal die Zeit kommen, dass er sie zu den törichten Jungfrauen des Evangeliums zähle. Also sagte sie ihm nicht eben unfreundlich, jedoch deutlich, er solle es sich mit den gemalten und steinernen Jungfrauen genug sein lassen.

Der Kunstgelehrte gab einem Maler die Tür in die Hand. Der fasste den Rhein, die Berge und den Himmel darüber, das grüne Laub und die flammenden Blumen in einem Bild zusammen und brachte ihr die ganze Herrlichkeit in einen Rahmen gefasst. Regina gefielen das Bild und auch der Maler nicht übel, und sie dachte schon, dass es sich für ihn wohl leben und malen ließe neben ihr. Aber dann wurde ihr doch auf einmal Angst und Bange, er könne ihr ganzes freies Leben und munteres Wirtschaften ebenfalls in einen Rahmen bringen, der nicht der Ihre wäre. So gab sie dem Bild einen Platz in ihrer Sommerstube und dem Maler einen sanften Abschied, der ihn nicht allzu sehr schmerzte.

Soweit also war noch keine ernsthafte Beunruhigung an sie herangetreten. Aber als der Sommer gegen Ende September verblasste, und es für wenige Tage regengrau wurde, trat der dritte Gast in den Schein ihrer Lampe. Ob es nun der Schimmer des früh angezündeten Lichtes war, der dem Forstmann vertraute Züge gab, als sei ein Mensch zu ihr zurück gekehrt, ob es die oft schweigende Behaglichkeit war, die er im Umfeld ihrer alten Möbel, ihrer Bilder so dankbar zu empfinden schien, der Duft des Holzes, das schon für künftige Kühle am Kamin lagerte? Kurz: Frau Regina begann diesen Abenden und der offenkundigen Verehrung entgegen zu blicken. Und das, obgleich sie wusste, dass der Forstmann, der ihr gegenüber saß, um mehr als zehn Jahre jünger war. Sie schaute nun öfter in den Spiegel und war mit heimlichen Wünschen schon weiter, als sie sich selbst gestehen wollte.

Darum war sie auch nicht besonders entgegen kommend, als eines Tages zu noch eben schicklicher Nachmittagsstunde ein Unbekannter zu ihr auf die Terrasse in den Schein einer wiedergekehrten Sonne trat. Er sei, so sagte er mit artiger Verbeugung, der neue Nachbar und habe das Haus gekauft, das Regina immer ein wenig gedauert hatte wegen des beginnenden Verfalls. Nun, das werde jetzt anders werden. Er sei eben von Amt und Würde befreit und gedenke, hier am viel befahrenen Rhein Lebenserinnerungen nachzugehen und sie vielleicht auch zu schreiben. Das scheine ihm verlockend in ihrer Nachbarschaft, nachdem er sie zwar schon aus der Ferne gesehen, doch nun eben kennen gelernt habe.

„Herr", dachte Regina, „du hast mir in diesem Jahr eine gute Ernte an Äpfeln, Birnen und Pflaumen geschenkt. Aber die neue Ehre, die du meinem Garten und meinem Haus erweist, bringt mich in Verwirrung." Und wie eine Ermahnung glitt der Abendschein der Lampe durch ihre Gedanken, dem sie schon fast zuviel Bedeutung beigemessen hatte; von dem Bild und den Madonnen ganz zu schweigen.

Über alle dem vergaß sie die Pflicht der Gastlichkeit nicht und war eben im Begriff, dem Besucher ein Glas Wein anzubieten, als sie das Gartentor knarren hörte und ein helles Lachen über die Brombeerbüsche klang. Ein Tuch flatterte und verfing sich. Zwei Gesichter beugten sich nah darüber und zueinander. Der Forstmann, der sich auf die späte Nachmittagsstunde bei ihr angesagt hatte, und die Nichte, die zufällig daher kam, hatten schon Bekanntschaft geschlossen.

Regina blickte hinüber, und der neue Nachbar sah einen Schatten über ihre Züge gleiten. Als ein guter Kenner der rheinischen Abendstunden und der Frauenherzen verbeugte er sich leicht und bot ihr den Arm: „Tun Sie mir die Ehre an, den Wein in meinem Garten zu trinken. Dort wird uns die Abendsonne noch länger Gesellschaft leisten."

Kalenderblatt Oktober

Bauernregeln

Wenn Simon und Judas vorbei (28. Oktober),
rückt der Winter herbei.

Wenn die Wildgänse unsere Gegend fliehen,
wird bald der Winter heranziehen.

Wenn der Eichbaum sein Laub behält,
so folgt im Winter strenge Kält.

Ursula (21. Oktober) räumt's Kraut herein,
sonst schneit's darein.

Wenns im Oktober friert und schneit,
bringt der Jänner milde Zeit.
Wenns aber donnert und wetterleucht',
der Winter dem April an Launen gleicht.

Wenn die Schafe sich abends nicht gern hereintreiben lassen,
wenn die Vögel niedrig fliegen, und die Tauben sich baden,
dann kommt Regen oder Schnee.

Auf St. Gallus-Tag (16. Oktober)
muss jeder Apfel in den Sack.

Ein junger Brauch: Erntedank

Vom Bitten und Beten um gutes Gedeihen, um Segen für Feld und Flur war bisher in diesem Buch viel zu hören im Brauchtum des Jahres. Dagegen scheint der Erntedank ein junger Brauch, als habe man sich erst später darauf besonnen oder wieder besonnen. In den Kirchen beider Konfessionen taucht der Erntedank erst seit den fünfziger Jahren des vorigen Jahrhunderts auf, meist zunächst nur mit dem symbolischen Erntekorb oder einem Getreidestrauß auf dem Altar. Oft aber werden jetzt auch Lebensmittel in bereitgestellte Körbe vor den Altar gelegt, die nach dem Gottesdienst an Bedürftige verteilt werden. Es könnte sein, dass ein älterer Erntedankbrauch durch die Hungerzeiten in und nach den beiden Weltkriegen des vorigen Jahrhunderts untergegangen ist. Zu Zeiten der Lebensmittelkarten, die noch bis 1950 dauerten, konnte sich ein derartiges Brauchtum auch ohnedies nicht entwickeln.

So hören wir denn auch von zögernder Aufnahme eines Erntedankbrauchtums am Niederrhein. Schulen werden als erste Initiatoren genannt. In Warbeyen bei Kleve begann das Erntedankfeiern vor einigen Jahrzehnten mit nur vier geschmückten Wagen. Heute stellt man dem großen Festzug ein munteres Motto voraus:

Ob Regen oder Sonnenschein,
ob's stürmt oder schneit,
in Warbeyen, da wächst es,
und alles gedeiht.

Die Wagen werden mit Apfelketten und mit Maiskolben, mit Nüssen und Quitten aufgeputzt. Altes Schnapsbrenngeschirr wird vorgeführt. Typische Produkte wie Rübensirup und Honig haben ihren Platz im Festzug. Geschmückte Rinder und Kälbchen werden mitgeführt. Und eine muntere Gruppe hat sich als überdimensionale Milchkannen verkleidet. Tanzeinlagen der niederrheinischen Volkstanzgruppe aus Kleve lockern den Festzug noch zusätzlich auf.

Hommersum-Kleve feierte sein 50. Erntedankfest groß mit einem Festzug durch das ganze Dorf. Ein Paar riesiger Strohpuppen hatte Kürbisköpfe. Auf einem Wagen hatte sich eine Marketenderin in malerischem Kostüm etabliert, und Jungen und Mädchen winkten von den Wagen.

Von Goch wird gemeldet, dass die Jugend wieder Tracht trägt am Erntedanktag. Die Jungen haben dunkle Hosen, weiße Hemden und eine lange Schleife, die Mädchen blaue Röcke, rote Mieder, weiße Blusen und weiße Schürzen und sind damit hübsch kostümiert für den Tanz unter der Erntekrone und für das Platzkonzert.

Die Erntewagen werden von den Bewohnern jeweils einer Straße gemeinsam gestaltet. Wenn der Zug unter der Erntekrone ankommt, läuten alle Glocken, und die Gemeinde stimmt den Choral an: „Nun danket alle Gott . . .“

Das neue Brauchtum des gemeinsamen Erntedanks wird von der wissenschaftlichen Volkskunde gewertet als positives Zeichen einer fortschreitenden Entwicklung in Land und Gesellschaft.

Musikanten spielen noch einmal auf

Im Oktober stehen die letzten Kirmessen an. Sie sind weniger aus Kirchweihfesten als vermutlich aus Erntefesten entstanden wie die Kirmes in Nörvenich, die von der „Reih“ gehalten wird. Die „Reih“ ist im Rheinland ein verbreiteter Begriff für eine Gruppe gleichaltriger Männer oder auch Frauen, die traditionelle Veranstaltungen innerhalb der Dorfgemeinschaft betreuen und Brauchtum am Leben halten. In Nörvenich sind es die ledigen jungen Männer des Ortes, die in einem Wirtshaus, dem „Reihhaus“, vier Tage lang Musik auf ihre Kosten spielen lassen.

Schon von weitem sieht man, dass es hier rund geht. Auf dem Giebel des Reihhauses treffen wir wieder den Zachaies an, den

bunt aufgeputzten Strohmann, den wir schon von anderen Dorf-
festen her kennen. Der Zachaies ist übrigens biblischer Abstammung. Er ist überwiegend im Köln-Bonner Raum anzutreffen
und erinnert an den Oberzöllner Zachäus, der dem Evangelium
nach eine Sykomore erstieg, um Christus zu sehen. Im Rhein-
Sieg-Kreis und im Süden des Rheinisch-Bergischen Landes wird
die Kirmesfigur offenbar in einer Abwandlung „Reias" genannt,
nördlich davon „Nubben". Im Kreis Euskirchen findet sich die
Bezeichnung „Kirmespitter".

Kehren wir zurück nach Nörvenich. Vom Giebel des Reihhauses mit dem bunten Zachaies wurde ein Seil zu einem gegenüberliegenden Haus gespannt, und daran baumelten ein Kalbs-
kopf und ein Breitlauch. Damit war der Festplatz ausgewiesen.
Auf offener Straße wurde getanzt. Jeder Reihjunge musste ein
Mädchen, eine „Reihjungfrau", zum Tanz führen. Strenge Vor-
schrift der dörflichen Sitte war es, den Tanz um halb acht Uhr
abends zu beenden. Ein Walzer wurde noch aufgespielt, und
dann stimmten die Musikanten einen Vers an, der alle auf-
scheuchte:

Zech mit ihr,
dat Mickel (Maria) will niet heimjohn.

Auf dieses Signal suchten die Reihjungfern das Weite.

In Nörvenich treffen wir auch wieder auf den Brauch des
Tierköpfens, nur dass hier eine Gans dran glauben muss. Malerisch ist der Aufbau des Gerichtes. Zwei „Scharfrichter" sitzen
auf einem Gerüst, das aus einer Karrenachse und einer Leiter
konstruiert ist und in schnelle Rundbewegung gebracht wird,
ehe das Köpfen beginnt.

Aus dem rheinischen Cardorf wird berichtet, dass der Paias
am Kirmesmittwoch nachmittags in den Saal getragen wird, wo
Alt und Jung versammelt ist, um ein vergnügliches Gericht zu
halten. Alles, was sich im Lauf des Jahres abgespielt hat, kommt
hier noch mal aufs Tapet und wird mit viel Spaß und Hallo vor-
getragen von einem der jungen Männer. Natürlich muss auch

hier der Paias den Sündenbock spielen, und ihm werden wie überall alle „Schandtaten" aufgebürdet. Schließlich wird der Paias im feierlichen Zug durchs Dorf gefahren und auf einem öffentlichen Platz verbrannt. Dazu stimmt die Festgemeinde ein Trauerlied an, das dem kirchlichen Miserere verdächtig nahe kommt. Und damit dürfte denn auch das Kirmesvernügen beendet sein.

So wolln wir fröhlich sein

St. Urbane, lieber Herre,
die Reben, die sein schwere.
Blüht uns Korn und Wein,
so wolln wir fröhlich sein,

singt ein Volkslied aus dem 17. Jahrhundert. St. Urban, ein heiligmäßiger Papst, hat nur eine kurze Regentschaft gehabt von 222 bis 230 nach Chr. Er soll sich in einem Weinberg versteckt gehalten haben während der Christenverfolgung. Indes die Häscher fanden und marterten ihn zu Tode. Als er starb, soll es Wein geregnet haben. Heute steht der hl. Urban in den Kirchen der Weinbaugebiete und in den Heiligenhäuschen am Weg als Papst in weißen Gewändern mit der Tiara auf dem demütig geneigten Haupt. Die Konsole, die sein Standbild trägt, ist meist aus einer großen Weintraube geformt, schwellend und üppig, ein Symbol des Lebens angesichts eines Märtyrers. Bittprozessionen und Flurumgänge grüßen ihn in jedem Jahr. Unter seinen Schutz stellen die Winzer das Gedeihen des Weines.

Wenn nach Monaten harter Arbeit die Ernte ansteht, so geht es dabei stiller zu, als manches Weinfestplakat suggeriert. Einige Wochen vor der Lese werden die Weinberge geschlossen. Im Rheingau haben dann selbst die Besitzer nur in Begleitung eines Ehrenschützen Zutritt. An den Gattern werden Strohwische und andere Verbotszeichen angebracht. Die ganze Weinflur liegt während des Weinbergschlusses im Schutze der gesamten Gemeinde. Wer auch nur eine Traube nähme, gilt als Dieb. Feldschützen halten Wache.

Beginn und Schluss der Lese werden täglich durch Glockengeläut angesagt. Das „Hinausläuten" und das „Heimläuten" begrenzt die Arbeitszeit. Gelesen wird in Handeimer, umgefüllt in Bütten und Wannen. Bei Ernteschluss wird das letzte Ladefass mit geschmückten Wagen ins Dorf gefahren und zum Hof überführt. Leser und Leserinnen treffen sich auf dem zuletzt gelesenen Weinberg. Fahrzeuge und Traktoren sind geschmückt, und es wird ein „Imbs", ein Imbiss aufgetragen.

Früher war das Mädchen, das die letzte Traube schnitt, Weinkönigin. Heute gibt es viele Weinköniginnen, Prinzessinnen, Gräfinnen, meist hübsche junge Frauen, die nicht unbedingt auch Winzerinnen sein müssen, aber oft einen mit dem Weinbau befassten Beruf haben. Jedenfalls können alle Rede und Antwort stehen, wenn es um den Wein geht.

Die Weinkönigin von heute ist von der Werbung geschult, und die zahllosen Weinfeste sind, so seltsam es sich anhört, in ökonomischen Krisenzeiten des Weinbaus zu Beginn des vorigen Jahrhunderts entstanden. Hatten Anfang des 20. Jahrhunderts Missernten und hohe Steuern den Winzer schwerstens belastet, so hatte die systematische Förderung des Weinbaues seit den 20er Jahren zwar hohe Erträge erbracht, aber auch einen erheblichen Preisverfall. Zwischen den beiden Weltkriegen entstanden darum überall die Weinfeste. Die Städte übernahmen Weinpatenschaften. So hatte Bonn in den dreißiger Jahren eine Patenschaft über den Ort Casel an der Mosel vereinbart. Auch während der nationalsozialistischen Herrschaft wurden durch die Organisation „Kraft durch Freude" Weinfeste gefördert. Mit den Winzerfesten haben sich neue Bräuche herausgebildet. Es werden wieder Trachten getragen, alte Tänze werden neu aufgenommen, öffentliche Weinproben laden die Besucher ein. Da und dort entstehen auch Weinmuseen. Und hier finden wir ihn denn auch im Bildnis wieder, den Papst Urban, der seine Hand schützend über den Wein hält.

Darüber aber wird keineswegs vergessen, dass die Römer, die den Papst Urbanus dem Martyrium überlieferten, fast gleichzeitig den Wein über die Alpen brachten und von ihrer Hauptstadt Trier bis in den Bonner Raum die Reben ansetzten. Und so spielt denn in den heutigen Weinfesten der römische Gott Bacchus auch seine fröhliche Rolle und regiert die Weinfeste des Monats Oktober.

Wendelinus, Birgida, Quirinus und die Heiligen Marschälle

Wir haben in den vergangenen Monatsblättern immer wieder erfahren, dass das Bedürfnis nach übernatürlichem Schutz und Hilfe aus dem Jenseits ein Grundanliegen der Menschen ist. Aus diesem Bedürfnis stammt weitgehend die Heiligenverehrung. Aber das Anliegen ist offenbar schon um vieles älter.

Dafür gibt das Rheinland ein überzeugendes Beispiel. In Sechtem, zwischen Köln und Bonn gelegen, befindet sich eine Wendelinuskapelle, wo der Heilige am dritten Sonntag im Oktober um Schutz für die Haustiere angerufen wird. Der Verehrung des hl. Wendelin aber ging ursprünglich eine Prozession „zu den drei Juffern" auf dem Swister Berg voraus. Und diese Verehrung geht zurück in vorgeschichtliche Zeiten. Die drei Juffern sind nämlich nichts anderes als die später so benannten „Aufanischen Matronen", Muttergottheiten, deren Verehrung aus keltischem Brauchtum stammte und in römischer Zeit linksrheinisch in hohem Maße erhalten blieb und fortgesetzt wurde. Allein mehrere hundert Weihesteine für die Aufanischen Matronen sind im Umkreis des Bonner Münsters gefunden worden, alle in der typischen Gestaltung: zwei sitzende Frauengestalten mit voluminösen Kleidern und einer ebenso voluminösen Haube nehmen eine offenbar jüngere Frau in ihre Mitte, der das Haar offen über Schultern und Rücken fällt.

Im Vorgebirge hat also eine Kapelle für den hl. Wendelin die heidnischen Matronen abgelöst. Geblieben ist als Ziel der Verehrung: Schutz für das Vieh, das der wertvollste Besitz der Bauern war. Obwohl es schon sehr bald Heiligsprechungen gab, ist erst im frühen Mittelalter der Kult der Anrufung einzelner Heiligen für bestimmte Krankheiten oder Umstände entstanden.

Zu den am frühesten angerufenen Heiligen gehört St. Brigida. Sie stammt, wie viele im Rheinland Verehrte, aus Irland und war fürstlicher Herkunft. Brigida soll früh das elterliche Haus hinter sich gelassen und als Einsiedlerin und Schäferin gelebt haben. Ihr Ruf als Schützerin der Herden muss durch irische und schottische Mönche in das Rheinland gedrungen sein. Um 1150 findet sich eine Kirche mit ihrem Namen in Köln. Seit etwa 1600 soll die Verehrung der hl. Brigida ungemein volkstümlich gewesen sein und bis zum Niederrhein ihre Stätten gehabt haben. Später wurde ihr Kult durch den hl. Wendelinus verdrängt.

Wendelinus stammt auch aus dem Kulturkreis des angelsächsischen Christentums, dem das Rheinland so viel verdankt. Er war gebürtiger Schotte aus königlichem Haus, entsagte allem Reichtum und wurde Einsiedler, verließ schließlich die Heimat und wanderte auf das Festland bis nach Westrich bei Trier. Hier nahm der ehemalige schottische Königssohn bei einem Edelmann den bescheidensten Dienst eines Schweinehirten auf sich. Am liebsten trieb er seine Herde weitab auf einen Berg, wo er sich in der Stille Betrachtungen hingab. Hier traf ihn eines Tages der Edelmann an und schalt ihn bitter ob des Zeitverlustes auf dem langen Weg. Aber ehe der erboste Dienstherr Hof und Stallungen erreichte, soll Wendelin mit seinen Schweinen schon vor ihm durch ein Wunder angekommen sein. Später finden wir Wendelin als Einsiedler in der Nähe der Abtei Thorley. Die Mönche des Klosters wählten ihn wegen seines vorbildlichen Lebenswandels zum Abt. Als er starb, begruben sie ihn auf dem Berg, den er als Schweinehirte so oft besucht hatte. Die Stadt St. Wendel im Süden der alten preußischen Rheinprovinz ist nach ihm benannt. Von hier aus verbreitete sich seine Verehrung nach Norden den Rhein hinab bis zur holländischen Grenze. Sein Namensfest wird am 20. Oktober begangen.

Als Schutzheiliger der Pferde wird St. Quirinus verehrt. Man darf ihn hier noch einfügen, obgleich das eigentliche Datum sei-

160

nes Festtages der 30. April ist. Aber am 30. Oktober wurden seine Gebeine im Jahr 1050 nach Neuss überführt, wo sich das mächtige Quirinus-Münster erhebt. Ein Datum, dessen heute noch gedacht wird. Es gibt besondere Schwerpunkte für die Verehrung des hl. Quirinus. So trieb man in Melaten bei Aachen, in Zülpich und in Sistig die Pferde zum Quirinusbrunnen. Wo die Quelle versiegt war, ließ man die Tiere auf nahegelegenem Gelände weiden. Wasser der Quirinusbrunnen gab man kranken Pferden. Im linksrheinischen Gebiet sind zwischen Bonn und Düsseldorf zahlreiche Kapellen für St. Quirinus erbaut worden. Bonn selbst hat im Stadtteil Dottendorf eine Quirinuskirche, die am ursprünglichen Schnittpunkt dreier großen Straßen liegt, ein Standort, der früher für Kirchen oft gewählt wurde. Den Fuhrleuten, die den ganzen Personen- und Güterverkehr mit Pferdefuhrwerk zu bewältigen hatten, wird der Patron der Pferde willkommen gewesen sein. Ein Quirinusstein zeugt von der Verehrung, die der Heilige hier genoss. Quirinus gehört übrigens zu den sogenannten vier heiligen Marschällen, die im Rheinland unter den Heiligen einen Sonderstatus genießen. Ihnen ist zwar kein eigener Tag im Kalendarium gewidmet. Aber sie werden als eine Ergänzung der sieben Nothelfer angerufen. Es sind die Heiligen Antonius, Hubertus, Cornelius und Quirinus, die als Fürbitter in persönlichen Nöten gelten. Nach dem weltlichen Vorbild der Marschälle an Fürstenhöfen sind sie gleichsam himmlische Sachwalter. Sie werden mit Banner und Schild dargestellt. Die Verehrung der vier Marschälle ist eine typische Form der rheinischen Volksfrömmigkeit, die Himmel und Erde in ständiger selbstverständlicher Wechselbeziehung erlebt.

Das rheinische Platt - Ein Hoch auf den Lehrer Georg Wenker

Es sind genau einhundertfünfundzwanzig Jahre her, seit der Düsseldorfer Lehrer Georg Wenker sein kleines Werk über „das rheinische Platt" veröffentlichte. Er ahnte wohl kaum, dass er mit seiner Arbeit die Grundlage eines Wissenschaftszweiges, der

„deutschsprachigen Dialektologie" geschaffen hatte. Als das Buch im Jahr 1877 erschien, war Wenker fünfundzwanzig Jahre alt. Er hatte in Tübingen Germanistik studiert und war mit dem Diplom eines Doktors der Philosophie in seine Heimatstadt Düsseldorf zurückgekehrt, um dort zu unterrichten. Zu welchen Höhen ihn auch sein germanistisches Studium geführt hatte, ihm war es wichtig, das rheinische Platt zu erkunden. Er fing vor Ort an und fragte einfach: „Wo und wodurch unterscheiden sich die Dialekte, wo fängt ein Dialekt an, wo hört er auf."

Wenker dürfte als Düsseldorfer Junge Platt gesprochen haben, und dem späteren Germanisten wird dann wohl aufgegangen sein, dass er sprachlich an einer Grenze lebte, denn südlich vom nahegelegenen Benrath sprach man schon anders. Ein Mann aus Kleve und ein noch so nettes Mädchen aus Koblenz werden sich bei gegenseitiger Dialektaussprache auch heute kaum verstehen.

Der junge Lehrer ging seine Sache gründlich an. Er entwickelte einen Fragebogen mit zweiundvierzig einfachen Sätzen aus der Umgangssprache und ließ ihn durch die Schulinspektoren an alle Lehrer im Regierungsbezirk Düsseldorf verteilen. Das war im Jahr 1876, und schon ein Jahr später legte er die Broschüre „Das Rheinische Platt" vor und widmete sie seinen Kollegen, „den Lehrern des Rheinlandes", die ihm Hilfestellung geleistet hatten.

Der Fragebogen, den der junge Düsseldorfer Lehrer Georg Wenker entwickelt hatte, wurde die Grundlage für eine Befragung im gesamten deutschen Reich und letztlich der Beginn der „Dialektgeographie" und Auftakt für das Forschungsprojekt „Deutscher Wortatlas", das von 1938 bis 1980 durchgeführt wurde. So sind von Wenkers Broschüre und seinem Forschen, das er in Marburg weiterbetrieb, wichtige Impulse für die Wissenschaft ausgegangen.

Was sich hochgelehrt anhört, lässt sich zum Glück für alle Freunde des rheinischen Platt auf Wenkers Grundlage – wenigstens im Großen und Groben – verhältnismäßig einfach erklären. Wenker teilt die rheinische Sprachlandschaft in drei Dialekt-

162

räume ein. Im Norden wird niederfränkisch oder niederrheinisch gesprochen, im Kölner Raum mittelfränkisch oder ripuarisch (nach einem germanischen Stamm benannt) und südlich davon moselfränkisch. Als sprachliche Grenzen gelten über den Rhein hinweg die Uerdinger und die Benrather Linie im Norden; die erstere durch die Städte Kaldenkirchen, Krefeld, Uerdingen, Angermund, Velbert, Ronsdorf und Remscheid markiert, die letztere südlich von Düsseldorf mit den Städten Aachen, Linnich, Jüchen, Benrath, Solingen und Waldbröl gekennzeichnet. Diese Grenzen sind bezeichnet durch den Wechsel vom Fürwort „ik" zu „ich" oder „ech" und durch Wechsel von „maken" zu „maachen", von „ook" zu „auch" oder „ooch". Die südliche Grenze des mittelfränkischen oder ripuarischen Raumes liegt bei Bad Breisig und verläuft mit dem Vingstbach. Hier scheidet sich z. B. die Aussprache von „Dorp" zu „Dorf". Diese Grenze ist sprachlich sehr markant, und schon Caesar muss den Unterschied wahrgenommen haben zwischen der gedehnten, etwas singenden mittelrheinischen Sprache und dem schnelleren Sprachtakt südlich des Vingstbaches. Denn er zog hier die Grenze zwischen Ober- und Niedergermanien; und diese Grenze ist mit geringen Unterschieden über mehr als 2000 Jahre gültig geblieben bis zu der heutigen Grenze zwischen Nordrhein-Westfalen und Rheinland-Pfalz, die südlich von Bonn verläuft. Die Scheidelinie am Vingstbach ist übrigens nicht nur eine Sprachgrenze, sondern gilt auch kulinarisch als Schwarzbrotgrenze. Südlich von Bad Breisig wurde früher kein Schwarzbrot gebacken.

Wenn die großen Sprachgrenzen, die Uerdinger, die Benrather Linie und die bei Bad Breisig verlaufende „Schwarzbrotgrenze" hauptsächlich die Konsonanten, die Mitlaute, betreffen, so gibt es unzählige feine Grenzlinien innerhalb der drei rheinischen Sprachräume von Dorf zu Dorf, von Stadt zu Stadt, die vom Klang der Selbstlaute, der Vokale bestimmt ist. Selbst innerhalb der Städte kann der Hellhörige noch die Stadtteile sprachlich unterscheiden an den Schattierungen der Selbstlaute, an einem zwischengeschobenen s, das die Sprache weicher und gleitender macht. Als nahezu klassisches Beispiel seien die Brat(s)-kartoffeln genannt.

In der Vielzahl der Variationen zeigt es sich, dass die Sprache ein Teil des Brauchtums ist, oft im Sprichwort überliefert und gespickt mit Lebensweisheit und Erfahrung, wie schon die Bauernregeln dieses Buches und kleine Liedstrophen beweisen können.

Literatur in Auswahl

Bartels, Adolf: Deutsche Literaturgeschichte, BD. 1, 1924

Beitl, Richard: Deutsche Volkskunde, 1933

D'Ester, Karl: Die Rheinlande, 1921

Döring, Alois: Glockenbeiern im Rheinland, 1988

Drei-Kronen-Reihe, Heft Nr. 21 (Erzbistum Köln Hrsg.): St. Suitbertus

Fischer, Hans: Götter und Helden, 1934

Haarhaus, Julius: Ahnen und Enkel, o. J.

Happe, Karl Bernd (Hrsg.): Düsseldorf - Größte Kirmes am Rhein, 1996

Heilfuhrt, Gerhard und Ingeborg Weber-Kellermann: Erntebrauch in der ländlischen Arbeitswelt des 19. Jahrhunderts, 1965

Heilmann, My: Burgen und Ritter am Rhein, 1980

Höroldt, Dietrich (Hrsg.): Geschichte der Stadt Bonn, Band 4 1989

Jansen, Wilhelm: Kleine rheinische Geschichte 1997

Katholikenrat der Stadt Düsseldorf (Hrsg.): Kirchenführer

Kieferer, F. J.: Die Sagen im Rheinland, 1845

Kircher, Nora (Hrsg.): Der Rhein in Mythen, Märchen und Erzählungen, 1988

Pütz, Robert: Unsere Wallfahrtskirchen, 1988

Schlaffke, Jakob: Wallfahrt im Erzbistum Köln, 1989

Simrock, Karl: Die deutschen Volksbücher, 1878

Sinzig, Wilhelm: Festschrift 500 Jahre Schützenbruderschaft Düsseldorf-Hamm 1458-1958

Wagner, Walter: Deutsche Heldensagen, 1934

Weidenhaupt, Hugo: Kleine Geschichte der Stadt Düsseldorf, 1962

Wolf, Irmgard und Manfred Engelhardt: Kleine Kulturgeschichte der Rheinlande, 1998

Wrede, Adam: Rheinische Volkskunde, 2. Auflage 1979

Zender, Matthias: Gestalt und Wandel, 1977

Außerdem wurde ausführlich Gebrauch gemacht von den Zeitungsausschnittsammlungen und Zeitschriftenaufsätzen im Amt für Rheinische Landeskunde und im Stadtarchiv Bonn, denen wir sehr zu Dank verpflichtet sind.

*Weitere Titel von Irmgard Wolf & Manfred Engelhardt bei **Avlos***

gard Wolf. Geprägt von alter rheinischer Familientradition, erlebte sie alle Höhen und Tiefen des 20. Jahrhunderts. Der Vater, Redakteur und Demokrat der ersten Stunde, vererbte der Tochter die Leidenschaft für das aktive Teil nehmen am Zeitgeschehen. Er fiel zu Beginn des ersten Weltkriegs. 25 Jahre später, Irmgard Wolf hatte gerade ihren Schreibtisch beim Bonner General-Anzeiger bezogen, begannen die Nationalsozialisten die Meinungsfreiheit zu ersticken. Die junge Redakteurin setzte sich aus rheinischem Kulturbewusstsein ein für den Erhalt bürgerlicher und geistiger Werte. Als nach dem Krieg Kohle und Stahl das Wirtschaftswunder anheizten, lebte sie – nun verheiratet – in der Industriestadt Rheinhausen, wieder aktiv in der Berichterstattung, zugleich die Geschichte der eigenen Familie niederschreibend in dem Roman „Seide, Glanz der Frauen". Rückkehr nach Bonn, jetzt Bundeshauptstadt, und neue journalistische Perspektiven in der Diplomatenszene Bad Godesbergs und in der flämischen Partnerstadt Kortrijk. – Manfred Engelhardt ergänzt das Buch wirkungsvoll durch Kurzportraits der Schauplätze und historischen Ereignisse.

Sie bekommen die Bücher des *Avlos* Verlages bei Ihrem Buchhändler. Weisen Sie ihn, falls nötig, auf nachstehende Auslieferungsadresse hin:

Avlos c/o GVA Gemeinsame Verlagsauslieferung
z. Hd. Frau Krause oder Frau Frester
Postfach 20 21 • 37010 Göttingen
Tel. (0551) 48 71 77 • Fax (0551) 4 13 92
e-mail: krause@gva-verlage.de

Informationen zum Programm des *Avlos* Verlages im Internet:

www.avlos.de